Wolfgang Oelsner / Gerd Lehmkuhl
Adoption

Wolfgang Oelsner / Gerd Lehmkuhl

Adoption

Sehnsüchte – Konflikte – Lösungen

Patmos

2. Auflage der im Walter Verlag erschienenen Originalausgabe
mit aktualisiertem Adressenverzeichnis.

Bibliografische Information der Deutschen Nationalbibliothek

Die Deutsche Nationalbibliothek verzeichnet diese Publikation in
der Deutschen Nationalbibliografie; detaillierte bibliografische Daten
sind im Internet über http://dnb.d-nb.de abrufbar.

© 2008 Patmos Verlag GmbH & Co. KG, Düsseldorf
Alle Rechte vorbehalten
Umschlagmotiv: © Chabruken / Getty Images
Umschlaggestaltung: init . Büro für Gestaltung, Bielefeld
Printed in Germany
ISBN 978-3-491-40140-2
www.patmos.de

Inhalt

Kinder sind in der Tat ein Trost. Ihre Bedürfnisse verdrängen die unseren, und indem wir für sie sorgen, erfährt unser Sein eine Berechtigung. In gewisser Weise verstecken wir uns hinter ihnen, unser näher rückender Tod verliert sich im Familiendurcheinander.

John Updike, *Gertrude und Claudius*

Einleitung

»Liebe kann Berge versetzen« – von der Richtigkeit dieser Redensart müssen Paare überzeugt sein, wenn sie sich zur Adoption entscheiden. Vernünftig ist das nicht. Jedenfalls gehen sie an diese Aufgabe nicht mit der gleichen Logik heran wie an sonstige Entscheidungen. Würden bei der Adoption ähnliche Überlegungen wie bei der Anschaffung einer Wohnung, eines Autos oder bei einer Kreditaufnahme gelten, käme sie kaum noch zustande. Denn was aus Kreisen von Pädagogen, Psychologen oder Erziehungsberatern zu hören ist, klingt oft wenig ermutigend. Es wird von großen Schwierigkeiten, geradezu von Erschütterungen im Eltern-Kind-Verhältnis berichtet. Natürlich durchlaufen auch Adoptivkinder allgemeine erzieherische Problemzeiten wie Trotzphase, Schulkrisen oder Pubertät. Doch in Adoptionsverhältnisse mischt sich eine unberechenbare Dynamik ein, die Kind und Eltern meist unvorbereitet trifft. Erschütterungen, extreme Kränkungen und Selbstwertzweifel auf beiden Seiten verschärfen das Konfliktgemenge und können bis zum Beziehungsabbruch führen. »Hätten wir gewusst, was auf uns zukommt«, so entfährt es enttäuschten Adoptiveltern, »dann hätten wir...«. Erschrocken brechen sie den Satz ab. Zu groß wäre ihr Schuldgefühl, sprächen sie den Gedanken zu Ende. Adoptierte Kinder ihrerseits fühlen sich oft von einem unspezifischen Fremdheitsgefühl zerrissen, manche geradezu von Misstrauen, für das sie keine vernünftigen Gründe ausmachen können. Sie spüren, dass solche Gefühle ihre Adoptiveltern kränken. Deshalb laden sie Schuldgefühle auf sich und können dennoch nicht von ihrem Verhalten ablassen.

Manchmal gelingt es beiden Seiten über lange Zeit, die konflikthafte Dynamik unter der Glocke der Verdrängung zu halten. Die Adoptivkonstellation ist bekannt, doch sie darf nicht thematisiert

9

werden. Bloß nicht dran rühren! Bricht jedoch später bei den Jugendlichen eine diffuse Sehnsucht nach Kenntnis der biologischen Herkunft durch, erschrecken beide Seiten, wenn viel Fremdes sich zwischen sie schiebt. Erschrocken sind sie auch darüber, wie viel Abstoßungsimpulse trotz allen Bemühens geweckt werden können. Für die Eltern droht in solchen Krisen der Lebensplan und der Glaube an ein Lebenskonzept zusammenzubrechen. Und die Kinder ahnen, dass eine ähnlich destruktive Dynamik ihrem Lebensstart einst zu Grunde lag. Heftigkeit und Provokation, mit der die Trennungserfahrungen re-inszeniert werden, überrumpeln beide Seiten. Sie brauchen Hilfen, damit der Dialog nicht unwiderruflich entgleist.

Hilfen beginnen damit, dass von früh an das Fremde thematisiert oder zumindest nicht ignoriert wird. Die Wahrheit wird zwar gefürchtet, weil mit ihr Trennendes verbunden wird. Das Fremde wahrzunehmen muss aber nicht zwangsläufig zu neuen Trennungserfahrungen führen. Es kann eine Chance in der Beziehungsgestaltung sein.

In den vergangenen Jahrzehnten lautete der Appell der Fachöffentlichkeit: »Sagt den *Kindern* die Wahrheit!« Die Forderung, Adoptivkinder über ihre Herkunft zu informieren, wird inzwischen vielfach umgesetzt. Sie fand Eingang in die Rechtsprechung und begründete mit der so genannten offenen und halb offenen Adoption eine völlig neue Vorgehensweise, bei der keiner der beim Adoptionsakt Beteiligten mehr im Versteck bleiben muss. Nach diesem psychologisch und gesellschaftspolitisch wichtigen Schritt will dieses Buch nun zur Offenheit auch in die andere Richtung appellieren: »Sagt den *Eltern* die Wahrheit!« Adoptiveltern sollten darauf vorbereitet werden, welche Stolpersteine und Prüfungen sie erwarten. Wenn ihnen z. B. bewusst ist, wie radikal Adoptivkinder die Bindungsstrukturen infrage stellen können und welche – z. T. imaginären – Loyalitätskonflikte adoptierte Heranwachsende ausagieren, dann können sie die Tiefschläge und Zumutungen besser abfedern. In der Vorausschau der Konflikte liegt die Chance, die emotionalen Teufelskreise zu erkennen und sich erst gar nicht in sie hineinzubegeben. Zur Wahrheit gehört auch die Erkenntnis, dass Menschen keine »Berge versetzen« können. Auch nicht mit Liebe.

Wohl aber kann Liebe jene Kraft stärken, die hilft, Berge zu überwinden. Die Autoren dieses Buches erhalten durch ihre Berufsfelder in Psychotherapie, Psychiatrie und Sonderpädagogik zwangsläufig vermehrt Einblicke in problematische, vielfach auch in scheiternde Adoptionsverhältnisse. Die Existenz zahlreicher gelingender Adoptionsbeziehungen wollen sie damit keineswegs ignorieren. Im Gegenteil. Eine Diskussion der Faktoren, die sowohl geglückte wie auch missglückte Konstellationen beeinflussen, möge adoptionswilligen Paaren eine Entscheidungshilfe bieten und ihnen erleichtern, das Abenteuer Adoption besser zu verstehen. Wenn derzeit in Deutschland auf ein zur Adoption freigegebenes Kind vierzehn Bewerberpaare kommen, dann scheint der Glaube an ein Berge versetzendes Engagement ungebrochen hoch zu sein. Es bedarf wohl der Faszination einer Utopie, um eine solche Expedition ins Hochgebirge menschlicher Beziehungsgeflechte zu wagen. In diesem Buch wird anhand vieler Fallbeispiele aufgezeigt, welcher Ausrüstung Eltern und Kinder dabei bedürfen. Hinweise auf Stolperstellen, auf Klüfte und Absturzgefahren sowie Deutungen der Wetterlage sollen nicht entmutigen. Sie mögen vielmehr helfen, dass die guten Absichten auch erfolgreich zum Ziel führen.

I. Adoption – was ist so anders?

Anja, das Marienkind
Adoption im Märchen und in der Realität

Die Psychologie ist eine noch junge Wissenschaft. Erst recht die Psychoanalyse, die Lehre von den unbewussten Prozessen unseres Seelenlebens. Doch selbstverständlich gab es die Phänomene, mit denen sie sich beschäftigt, schon lange, bevor sie sich als Fachdisziplin etablierte. Von Sehnsüchten und Ängsten, von Liebe und Hass, Eifersucht und Güte wird erzählt, seit überhaupt von Menschen berichtet wird. Das geschah weder in Forschungsprotokollen noch im Erstellen statistischer Tabellen. Erkenntnisse über Fühlen und Handeln von Menschen verdichteten sich vielmehr schon in den Erzählungen der Völker und fanden als »Volksgut« ihren literarischen Niederschlag, besonders in den Märchen. Und ohne diesen die Bibel gleichzusetzen, gilt es – unabhängig von der jeweils religiösen Haltung – als allgemein anerkannt, dass auch aus biblischen Geschichten Weisheiten über menschliches Empfinden und Miteinander herauszulesen sind.

Nachkommenschaft war in früheren Zeiten für den Sippenerhalt von existenzieller Bedeutung. Deshalb sind Kindschaftsverhältnisse häufig Gegenstand der überlieferten Erzählungen, natürlich auch die Adoption, besser bekannt unter der Formulierung »an Kindes statt annehmen«. Religionsstifter und Erlöserfiguren der Volksmythen wuchsen übrigens immer in adoptionsähnlichen Verhältnissen auf. Jesus, Mohammed oder der germanische Siegfried wurden – weltlich gesprochen – in »Leihfamilien« groß. Und manche Heldengestalt der Märchen- und Sagenwelt musste erst Jahre in Fremdfamilien verbringen, ehe sie den alten König beerbte und segensreich fürs Land wirkte.

Nun ist es heikel, Weisheiten der Märchen mit Erkenntnissen der Psychologie gleichzusetzen. Wer das auf vereinfachte Art und Weise macht, beweist damit alles und nichts. Neugierig macht die Märchenwelt jedoch, wenn wir in ihren Bildwelten merkwürdige Aspekte unserer Wirklichkeit formuliert sehen, wenn wir in den magischen Erzählsträngen das Unerklärliche und die scheinbaren Verrücktheiten der Welt widergespiegelt sehen, wenn wir aus ihren Sprachcodes Eigentümlichkeiten der Realität lesen lernen. Dass die Logik der Seele nicht der Logik eines Computers folgt, weiß jeder, der schon gehofft und gebangt, geliebt und gehasst hat. Während der PC nur Ja oder Nein kennt, nur die 1 oder die 0 akzeptiert, kennt die Psyche ein »Jein« und ein »Ja, aber«. Sie kennt das »Vielleicht« und sie bringt so unvernünftig klingende Zustände und Begriffe wie »Hassliebe« und »Angstlust« hervor. Märchen dulden solche Ambivalenzen, ja sie handeln genau davon. Und manchmal entdecken wir in ihnen die Widersprüchlichkeiten der Wirklichkeit. Sie klingen unglaublich und unvernünftig, sind aber keine Un-Logik sondern Psycho-Logik.

So ganz und gar unerklärlich verhielt sich beispielsweise Anja[1], das Marienkind. Warum sie den Beinamen eines Grimm'schen Märchens (Kinder- und Hausmärchen Nr. 3: *Marienkind*) tragen soll, wird aus ihrem »unvernünftigen« Tun erkennbar. Es ließ Anjas Adoptiveltern verzweifeln und alle Beteiligten in eine Krise stürzen.

Anja ist 16, als sie häufiger von zu Hause wegbleibt, auch nachts. Sie sei bei Freunden. Die Eltern, Akademiker ohne leibliche Kinder, liebevolle Menschen, sind natürlich besorgt. Sie spüren jedoch das Zwingende in Anjas vehement vorgetragener Bitte, man möge sie nicht suchen, damit würde alles schlimmer. Das glauben sie. Davor haben sie Angst. Sie ringen sich die geforderte Gelassenheit ab und fühlen sich darin bestätigt, weil sie von der Schule hören, dass die Tochter dort relativ regelmäßig erscheine und nach wie vor keine schlechte Schülerin sei. Gelegentlich taucht sie zu Hause auf und bedankt sich bei den Eltern, dass diese ihr »keinen Stress« machen. Anja wirkt beängstigend unauffällig.

Schon lange verfügt das Mädchen über einen Hausschlüssel. Vertrauen und Offenheit sind gelebte Erziehungsideale der kleinen Familie. Bislang habe man auch über alles reden können. So sei schon früh offen gelegt worden, dass Anja adoptiert wurde. Vier Wochen war sie alt, als sie in den Haushalt des beruflich etablierten und wirtschaftlich gut abgesicherten Ehepaares kam. Über die leiblichen Eltern sei nur bekannt, dass beide sehr jung und krank waren. Der Vater sei schon vor Anjas Geburt gestorben. Drogen seien im Spiel gewesen, lautet die Vermutung. Die Tochter, so die Adoptiveltern, kenne die spärlich bekannten Fakten, habe sich aber nie sonderlich dafür interessiert. Sie ignoriere eigentlich das Thema Adoption und betone vor anderen immer, wie sehr sie doch diesem und jenem ihrer jetzigen Verwandtschaft gleiche. Zum Muttertag bringe sie »der lieben Mama« stets besonders üppige Zuneigungsbeweise. Überhaupt wirke Anja noch sehr anhänglich, kindlich und jünger, als der Pass sie ausweist.

Und nun das! Die Eltern kommen von einem Termin nach Hause zurück und finden ihre Wohnung verwüstet vor. »Einbrecher« ist der erste Gedanke. Doch nichts wurde aufgebrochen, nichts fehlt. Der Schrank mit den Familienakten und Fotoalben steht offen, durchwühlt. Blätter wurden herausgerissen, Aktenordner zerfleddert hinterlassen. Ein Zettel mit großen Lettern liegt daneben: »ICH WILL EUCH NIE WIEDER SEHEN«. Die Eltern stürzen eine Etage höher, in Anjas Zimmer. Leer. Auf dem Boden liegen kreuz und quer weitere durchwühlte Papiere. Ein Ordner aus dem elterlichen Schrank liegt auf Anjas Schreibtisch. Er blieb als einziger offenbar unberührt. Auf dem Aktenrücken trägt er die Aufschrift »Adoption«. Daneben finden sie einen Brief der Tochter, in dem sie erklärt auszuziehen. Er endet mit dem Satz: »Ich habe euch sooooooo lieb, deshalb muss ich ausziehen.«

Aus dem Elend in den Himmel

Warum ist Anja ein »Marienkind«? Gehen wir der Antwort in den Etappen des Grimm-Märchens nach.

Marienkind
Vor einem großen Walde lebte ein Holzhacker mit seiner Frau; der hatte nur ein einziges Kind, das war ein Mädchen von drei Jahren. Sie waren so arm, dass sie nicht mehr das tägliche Brot hatten und nicht wussten, was sie ihm sollten zu essen geben. Eines Morgens ging der Holzhacker voller Sorgen hinaus in den Wald an seine Arbeit, und wie er da Holz hackte, stand auf einmal eine schöne Frau vor ihm, die hatte eine Krone von leuchtenden Sternen auf

dem Haupt und sprach zu ihm: »*Ich bin die Jungfrau Maria, die Mutter des Christkindleins; du bist arm und dürftig, bring mir dein Kind; ich will es mit mir nehmen, seine Mutter sein und für es sorgen.*« *Der Holzhacker gehorchte, holte sein Kind und übergab es der Jungfrau Maria, die nahm es mit sich hinauf in den Himmel. Da ging es ihm wohl, es aß Zuckerbrot und trank süße Milch, und seine Kleider waren von Gold, und die Englein spielten mit ihm.*[2]

Drei Jahre lebte das Marienkind – zu einem eigenen Namen scheint es in dieser Zeit nicht gekommen zu sein, zumindest ist er nicht erwähnenswert – im Elend der armen Holzhackerfamilie. Nur vier Wochen dauerte das Elend in der Herkunftsfamilie bei Anja. Bei vielen Adoptivkindern regiert zuerst die Not, bei manchen auch die Gosse. Der Wechsel in die Adoptivfamilie beendet dieses Leid schlagartig. Es ist wie die plötzliche Aufnahme aus der Hölle in den Himmel. »Da ging es ihm wohl«, heißt es im Märchen. Vorstellungen vom kindlichen Paradies werden befriedigt: »Es aß Zuckerbrot und trank süße Milch, und seine Kleider waren von Gold«. Böses droht nicht einmal von den Spielgefährten, denn das sind »Englein«.

Das plötzliche Ausbleiben von Hunger, Unstetigkeiten, Verlassensängsten, Schlägen (in Problemlagen sind Nerven und Affekte nun einmal weniger kontrolliert) ist für Menschen eine Erlösung. Für Kinder erst recht, spüren sie doch ihre Ohnmacht, die Lage aus eigener Kraft nicht verändern zu können. Natürlich tun sie alles, um den verbesserten Zustand zu halten. Keine Ungezogenheit, kein Abweichen von den erspürten Erwartungen soll das neue Glück gefährden. Nun wäre es zu anstrengend – und vom Seelenhaushalt gar nicht durchgehend zu leisten –, dies bei jeder einzelnen Handlung zu bedenken. Die beste Prävention gegen Rückfälle sind deshalb pauschale Anpassungsleistungen an das neue Milieu. Dessen Regeln werden verinnerlicht. (Siehe den Abschnitt »Die Anpassungsfalle«, S. 77 ff.) Es entwickeln sich Haltungen und Persönlichkeitsprofile, die die Erinnerungsspuren (die gibt es auch bei Adoptionen im sehr frühen Lebensalter) an den Stress früherer Entbehrung und Anpassung verdrängen. Das schützt davor, die neue Heimat »im Himmel« gefährdet zu sehen. Verdrängung ist eine hilfreiche Schutzfunktion. Doch sie hat ihren Preis. Unter anderem trübt sie den Blick für die Realität und dämpft die Vitalität. Wer im »goldenen Kleidchen mit den Englein spielt«, wird sich nicht beim Toben mit der Kinderhorde schmutzig machen. Der wird keine geheimen Ecken und Winkel entdecken. Dessen Expansionsradius verkürzt sich, dessen Welterschließung bleibt eingeschränkt.

Noch einen Nachteil hat Anjas Verdrängung: Sie gaukelt ihr vor, das Adoptivthema sei bewältigt. »Dass sie adoptiert ist, weiß sie. Daraus haben wir nie ein Geheimnis gemacht.« Mit diesem Einwand machten Anjas Eltern deutlich, dass sie zunächst einmal keinen Zusammenhang zwischen dem überraschenden Problemverhalten des Mädchens und der Adoption sahen. Anja bestätigte sie darin, indem sie »dicht machte«, als der Schulpsychologe auf ihr Kindschaftsverhältnis zu sprechen kommen wollte: »No problem, alles easy!« Es waren Beschwörungsformeln, die sich da so souverän präsentierten. Die zugehörigen Affekte waren abgeschnitten. Letztlich war es der tapfere Versuch, nur ja keine Risse in der Staumauer der Verdrängung zuzulassen. Denn hinter dieser stand eine Woge aufgestauter Fragen, Zweifel und zurückgehaltener Vitalität. Wenn solche Dämme brechen, drohen Überschwemmungen und Zerstörungen ungeahnten Ausmaßes.

Es ist nicht auf die Gleichgültigkeit oder gar perfide Absicht von Adoptiveltern zurückzuführen, wenn Kinder das Problem ihrer leiblichen Herkunft totschweigen. Die Kinder legen sich diese Verpflichtung oft selbst auf. Erstens spüren sie, dass alle Fragen zu diesem Thema irgendwie kränken, so als müssten sich die Eltern dann vorwerfen, sich nicht genügend angestrengt zu haben. Zweitens ahnen sie, dass sie damit unberechenbare eigene Empfindungen auslösen können. Zweifel an der eigenen Persönlichkeit und Ängste um den gesicherten Verbleib könnten losgetreten werden und sie erdrücken.

Anja und ihre Eltern hatten das neue Leben genossen. Spätes Kinderglück auf der einen Seite, liebevolle und materiell wohl ausgestattete Kinderstube auf der anderen Seite ließen kaum Gewitter am Familienhimmel aufkommen. Was den Adoptionsprozess anging, so erschien bewältigt, was zu bewältigen war. So war es, bis Anja – recht spät – in die Pubertät kam.

Das Marienkind im Märchen war 14, als eine einschneidende neue Erfahrung das himmlische Glück in Frage stellte.

Als es nun vierzehn Jahre alt geworden war, rief es einmal die Jungfrau Maria zu sich und sprach: »*Liebes Kind, ich habe eine große Reise vor, da nimm die Schüssel zu den dreizehn Türen des Himmelreichs in Verwahrung: Zwölf davon darfst du aufschließen und die Herrlichkeiten darin betrachten, aber die dreizehnte, wozu dieser kleine Schlüssel gehört, die ist dir verboten; hüte dich, dass du sie nicht aufschließest, sonst wirst du unglücklich.*« *Das Mädchen versprach gehorsam zu sein, und als nun die Jungfrau Maria weg war, fing es an und besah die Wohnungen des Himmelreichs; jeden Tag schloss es eine auf, bis die zwölfe herum waren. In jeder aber saß ein Apostel und war von großem Glanz umgeben, und es freute sich über all die Pracht und Herrlichkeit, und die Englein, die es immer begleiteten, freuten sich mit ihm. Nun war die verbotene Tür allein noch übrig; da empfand es eine große Lust zu wissen, was dahinter verboten wäre, und sprach zu den Englein:* »*Ganz aufmachen will ich sie nicht und will auch nicht hereingehen, aber ich will sie aufschließen, damit wir ein wenig durch den Ritz sehen.*« – »*Ach nein*«, *sagten die Englein,* »*das wäre Sünde: Die Jungfrau Maria hat's verboten, und es könnte leicht dein Unglück werden.*« *Da schwieg es still, aber die Begierde in seinem Herzen schwieg nicht still, sondern nagte und pickte ordentlich daran und ließ ihm keine Ruhe. Und als die Englein einmal alle hinausgegangen waren, dachte es:* »*Nun bin ich ganz allein und könnte hineingucken, es weiß ja niemand, wenn ich's tue.*« *Es suchte den Schlüssel heraus, und als es ihn in der Hand hielt, steckte es ihn auch in das Schloss, und als es ihn hineingesteckt hatte, drehte es auch um. Da sprang die Türe auf, und es sah da die Dreieinigkeit im Feuer und Glanz sitzen. Es blieb ein Weilchen stehen und betrachtete alles mit Erstaunen; dann rührte es ein wenig mit dem Finger an dem Glanz, da ward der Finger ganz golden. Alsbald empfand es eine gewaltige Angst, schlug die Türe heftig zu und lief fort. Die Angst wollte auch nicht wieder weichen, es*

mochte anfangen, was es wollte, und das Herz klopfte in einem fort
und wollte nicht ruhig werden; auch das Gold blieb an dem Finger
und ging nicht ab, es mochte waschen und reiben, soviel es wollte.

Der Drang, vom Baum der Erkenntnis zu essen

Mit vierzehn Jahren (in anderen Versionen des Märchens heißt es
»nach vierzehn Jahren im Himmel«, das Marienkind wäre also
schon siebzehn) ist es aus mit dem kindlich naiven Gehorsam.
Jedenfalls, wenn sich Kinder gesund entwickeln. Wenn sie nicht
aus Angst, Unvermögen, Gehemmtheit oder Gefangenschaft die
nächsten Entwicklungsschritte meiden. Die Gefährten von einst,
die »Englein«, mögen noch so sehr warnen: »Ach nein, das wäre
Sünde!« Jugendliche in diesem Alter empfinden »die Begierde im
Herzen«. Die »Lust zu wissen, was dahinter verborgen wäre«, lässt
sie Verbote übertreten. Im Märchen geht das auferlegte Verbot von
der Jungfrau Maria aus. Das weckt Assoziationen zum Apfel-
Verbot Gottes im Garten Eden. Dennoch wäre es zu kurz gefasst,
hierin lediglich eine religiöse Disziplinierungsstrategie zu sehen.
Kinder legen Autoritäten gerne Verbote in den Mund, die sie sich
eigentlich selbst auferlegen. Mitunter fantasieren sie Instanzen,
denen sie zu gehorchen haben. Religiöse Autoritäten bieten sich
hierfür besonders an. Wenn keine Modelle zur Verfügung stehen,
dann erfinden sie Schattenfiguren[3] oder sie erstellen selber Regeln
von magischer Konsequenz. Etwa verbieten sie es sich, bei Weg-
Platten auf die Fugenritzen zu treten, andernfalls passiere ein
Unglück. Es wäre falsch, das als masochistische Selbstkasteiung zu
interpretieren. Es sind vielmehr spielerisch inszenierte Versuche,
sich in Disziplinierung und Beherrschung zu üben und sich Werte
und Normen der Erwachsenen einzuverleiben. Derer braucht es,
um an der Welt der »Großen« teilzuhaben, zu ihr zu gehören. Von
der Entwicklung eines »Über-Ichs« spricht die Tiefenpsychologie.
So wie man den »inneren Schweinehund« hat, gibt es den inneren
Chef, der über Gebote und Verbote bestimmt. Erweist sich die
innere Stimme im Verlockungsfall als zu schwach, wird sie gerne
an einer äußeren Kontrollinstanz festgemacht. »Ich bekomme
sonst Ärger mit meiner Regierung«, sagen Männer beispielsweise

am Biertresen und meinen damit ihre Ehefrauen. Ziel der Bemerkung ist es, sich selbst vor drohender Trunkenheit zu schützen. Regelwerke müssen erst eine ganze Weile an Außenpersonen festgemacht werden, bevor sie verinnerlicht sind – im Idealfall an einer so glaubhaften Person wie der Jungfrau Maria.

Doch ab der Vorpubertät wird ein Über-Ich-Wächter, wird ein »lieber Gott, der alles sieht« lästig. Spätestens als Jugendlicher versucht man, ihn auszutricksen. Es stellt sich die Ahnung ein, dass es noch mehr geben muss als die vorgegebene Sicht auf die Welt. Das neue Begehren stellt Heranwachsende vor die scheußliche Alternative, entweder gehorsam zu bleiben und somit im Stillstand zu verharren oder Grenzen zu übertreten und damit die Aufgabe des heimatlichen Nestes zu riskieren. Der Verlust des Kinderparadieses ist stets der Preis von Weiterentwicklung. So wie schon bei Adam, so wie schon bei Goethes Faust, so brennt auch im Heranwachsenden die Sehnsucht zu »erkennen, was die Welt im Innersten zusammenhält«. Mag das Streben nach Gottgleichheit religiös verwerflich sein, als kindliche Durchgangsstrecke ist das Begehren nach Grandiosität legitim. Doch mit dem Essen vom Baum der Erkenntnis, mit dem »Rühren am Glanz« kommt alsbald die Angst. »Da ward der Finger ganz golden. Alsbald empfand es eine gewaltige Angst, schlug die Türe heftig zu und lief fort.«

Wie das Marienkind läuft auch Anja fort, nachdem sie »vom Baum der Erkenntnis aß«, d.h. die Familiengeschichte begreift und sich andere Aspekte der Betrachtung gestattet. Das geschah an jenem Abend, als die Eltern für Stunden einmal außer Haus waren. Anja war allein. Das kam bislang selten vor. Kinder können in dieser Situation die vertraute Umwelt plötzlich ganz anders wahrnehmen, denn jetzt müssen sie auf keinen Rücksicht nehmen. Sie müssen sich niemandem anpassen, und ihre Fantasien haben freien Lauf.

Natürlich wusste Anja von ihrer Adoption. Häufig war ihr erzählt worden, wie man sie einst nach Hause geholt und sich gefreut hatte. Das hatte sie sogar anderen Menschen weitererzählen können. Doch nun schwingen ganz andere Empfindungen mit. Sie liest in den Akten die Vorgeschichte der Eltern und erfährt von einem Paar, das es also auch ohne sie schon gegeben hatte. Diese Entdeckung machen zwar alle Kinder einmal. Doch bei Adoptivkindern kollidiert sie vielfach mit narzisstischer Grandiosität. Die Illusion von besonderer Auserwähltheit bekommt Kratzer. Hatte nicht erst sie, Anja, den Sonnenschein ins Haus gebracht? So hörte sie es jedenfalls aus der Verwandtschaft. War nicht das Glück ihrer Adoption erst der eigentliche Sinn stiftende Akt für das Paar gewesen? Die Alben aus dem Schrank zeigen Hochzeitsfotos, die sie kannte. Doch bislang hatten die Motive ihr nichts bedeutet. Sie wurden von ihr mit einem Selbstverständnis wahrgenommen wie Besteck, das immer in der gleichen Schublade liegt. Da war nichts Besonderes, da gab es nichts zu hinterfragen. Aber nun ist sie allein, sieht mit anderen Augen und muss ihre Gefühle nicht verstellen. Die Decke der Verdrängung ist dünn. Plötzlich ist der Raum für Eifersucht unbegrenzt. Bei dem Mädchen beißt sich der Gedanke fest, dass es eigentlich doch nur ein Kind »zweiter Wahl« sein kann. Denn aus den Akten liest sie vom sehnlichen Wunsch der Eltern nach einem eigenen Kind und deren immer wieder fehlgeschlagenen Versuchen einer Schwangerschaft. Nun wütet sie gegen die unerhörte Macht dieses Paares, das bestimmen konnte, sich ein Ersatzkind auszusuchen: sie, Anja.

Die Fantasie, nicht gemocht, lästig, überflüssig und störend zu sein, bahnte sich seit Wochen schon außerhalb des Elternhauses im weiteren sozialen Umfeld an. Vor allem in der Schule, in die sie nun unregelmäßig ging. Diese verweigerte sie nach dem geschilderten Erlebnis mit dem Aktenschrank schließlich ganz. Darauf angesprochen, konnte sie nichts Negatives gegen die Klassengemeinschaft vorbringen. Weder habe sie vor ihr Angst noch habe man ihr etwas getan. Doch auf dem Weg zur Schule sei ihr plötzlich und schmerzhaft die Frage gekommen: »Was machst du hier eigentlich? Hier gehörst du doch gar nicht hin!« Die Selbstzweifel, die sie zunächst nur in Bezug auf ihre Familie hatte, übertrug sie nun auch auf andere soziale Gruppen. Ihr Gymnasium stand plötzlich stellvertretend für das Bildungsmilieu ihres Elternhauses, das vom vermuteten Bildungsniveau ihrer leiblichen Eltern unendlich weit entfernt schien.

Keiner hatte Anja je verboten, den Aktenschrank zu öffnen. Doch lastete auf ihm die Aura jener »dreizehnten« Tür. Er barg das Zeug zum Unglücklichwerden. Er roch nach Geheimnissen, die man besser nicht erfuhr, wollte man nicht das Paradies der Unbekümmertheit verlieren. Kinder nehmen solche Schränke jahrelang überhaupt nicht wahr. Erst jetzt, beim Alleinsein, als die Verdrängungsmechanismen nicht so bemüht werden müssen, die Anpassungsleistungen nicht so nötig sind und die Realität mit anderen Augen wahrgenommen werden kann, werden sie entdeckt. Auch scheinen die Türen solcher Schränke vom bloßen Angucken schon aufzuspringen, wenn Eltern nicht da sind. Das kann sehr zwiespältig erlebt werden. Da ist einerseits das Gefühl großer Freiheit, und da ist Wut über so viel vermeintliche Rücksichtslosigkeit:»Warum müssen sie mich gerade jetzt allein lassen? Wer weiß, wo sie sich vergnügen. Vielleicht sind sie unterwegs, um mich wieder zurückzugeben, jetzt, wo ich ihnen so oft Schwierigkeiten mache.« So und ähnlich purzeln die Gedanken. Die Türen solcher Schränke haben eine ungeheure Anziehung. Da versagen die Warnungen der »Englein«. Anja ist kein Kind mehr. Dennoch schützt sie sich intuitiv vor dem womöglich Schlimmsten. Die Akte mit der Aufschrift »Adoption« lässt sie unberührt. So, als sei sie sich selbst ein Schutzengel, kann sie wenigstens dieses Tabu noch wahren. Es wäre unerträglich gewesen, das, was sie nun schon seit sechzehn Jahren als Glück des Angenommenseins erleben darf, als Verwaltungsakt dokumentiert zu sehen. Die Schriftzüge auf den Akten und Alben künden ihr eine Realität an, die sie schockieren würde: »So war es, so ist es wirklich mit dir gewesen.« Es ist ein subjektiver Schock, der objektiv durch nichts zu begründen ist. Aber es geht nicht um Objektivität und Wirklichkeit. Es geht um die Fantasie, die sich Adoptivkindern davon machen. Und die ist meist schlimmer, als sie real je sein kann.

Erkenntnisschock und Paradiesverlust

Der Biss in den Apfel vom Baum der Erkenntnis führt zur Vertreibung aus dem Paradies. Da hilft kein Lügen, das lässt sich nicht ungeschehen machen, wie wir im Märchen nun weiter lesen.

Gar nicht lange, so kam die Jungfrau Maria von ihrer Reise zurück. Sie rief das Mädchen zu sich und forderte ihm die

Himmelsschlüssel wieder ab. Als es den Bund hinreichte, blickte ihm die Jungfrau in die Augen und sprach: »Hast du auch nicht die dreizehnte Türe geöffnet?« – »Nein«, antwortete es. Da legte sie ihre Hand auf sein Herz, fühlte, wie es klopfte und klopfte, und merkte wohl, dass es ihr Gebot übertreten und die Türe aufgeschlossen hatte. Da sprach sie noch einmal: »Hast du es gewiss nicht getan?« – »Nein«, sagte das Mädchen zum zweiten Mal. Da erblickte sie den Finger, der von der Berührung des himmlischen Feuers golden geworden war, sah wohl, dass es gesündigt hatte, und sprach zum dritten Mal: »Hast du es nicht getan?« – »Nein«, sagte das Mädchen zum dritten Mal. Da sprach die Jungfrau Maria: »Du hast mir nicht gehorcht und hast noch dazu gelogen, du bist nicht mehr würdig, im Himmel zu sein.«

Da versank das Mädchen in einen tiefen Schlaf, und als es erwachte, lag es unten auf der Erde, mitten in einer Wildnis. Es wollte rufen, aber es konnte keinen Laut hervorbringen. Es sprang auf und wollte fortlaufen, aber wo es sich hinwendete, immer ward es von dichten Dornhecken zurückgehalten, die es nicht durchbrechen konnte. In der Einöde, in welche es eingeschlossen war, stand ein alter hohler Baum, das musste seine Wohnung sein. Da kroch es hinein, wenn die Nacht kam, und schlief darin, und wenn es stürmte und regnete, fand es darin Schutz. Aber es war ein jämmerliches Leben, und wenn es daran dachte, wie es im Himmel so schön gewesen war und die Engel mit ihm gespielt hatten, so weinte es bitterlich. Wurzeln und Waldbeeren waren seine einzige Nahrung, die suchte es sich, so weit es kommen konnte. Im Herbst sammelte es die herabgefallenen Nüsse und Blätter und trug sie in die Höhle; die Nüsse waren im Winter seine Speise, und wenn Schnee und Eis kamen, so kroch es wie ein armes Tierchen in die Blätter, dass es nicht fror. Nicht lange, so zerrissen seine Kleider, und es fiel ein Stück nach dem anderen vom Leib herab. Sobald dann die Sonne wieder warm schien, ging es heraus und setzte sich vor den Baum, und seine langen Haare bedeckten es von allen Seiten wie ein Mantel. So saß es ein Jahr nach dem anderen und fühlte den Jammer und das Elend der Welt.

Es sei in Erinnerung gerufen, dass Märchenfiguren wie die »Jungfrau Maria« nicht primär als handelnde Person, sondern als Instanz und als Projektionsfigur gesehen werden können. Der Konflikt zwischen ihr und dem Kind ist dann als Über-Ich-Konflikt zu deuten. Der ist für Jugendliche insgesamt und für Adoptivkinder ganz besonders typisch. Sie fühlen sich nach einem Tabubruch der elterlichen Fürsorge nicht länger würdig. Der Rauswurf aus dem Paradies ist nicht nur Strafe, er ist auch Selbstbestrafung. Das Kind hat sich nicht als würdig erwiesen, »im Himmel« zu sein. Der tiefe Schlaf, in den jemand im Märchen fällt, bedeutet, dass der »Strafvollzug« erst einmal ausgesetzt wird. Es gibt die Chance für eine Nachreifezeit. Die Ahnung vom nächsten Entwicklungsschritt ist schon da, doch er kann noch nicht getan werden.

Das Erwachen geschieht in einer anderen Welt. »Es war ein jämmerliches Leben« – wohl war! Doch weder dem Marienkind noch Anja ist es unvertraut. So jämmerlich lebten sie einst bei ihren leiblichen Eltern, und so hätte ihre gesamte Kindheit wohl ausgesehen, hätte nicht eine Madonna, hätte nicht die begüterte Mittelschichtfamilie sie da herausgeholt. Nun sind die Kinder ihren Wurzeln plötzlich wieder ganz nahe. Das hat etwas Versöhnliches, es ist nicht nur furchtbar. Adoptivkinder suchen – unbewusst – das Milieu ihrer Herkunftsfamilie. Ihr eigenes gesichertes Leben macht ihnen zuweilen Schuldgefühle, so als versündigten sie sich an ihren leiblichen Eltern, bei denen sie befürchten, dass es ihnen materiell viel schlechter gehe als den Adoptiveltern. Phasenweise empfinden sie sich wie Verräter am eigenen Stand. Dieses Phänomen ist auf ähnliche Weise auch bei leiblichen Kindschaftsverhältnissen bekannt. Söhne und Töchter, die weit über den Status der Eltern hinaus zu Wohlstand und Ansehen gelangen, wissen zwar einerseits, dass ihre Eltern stolz auf den Erfolg des Nachwuchses sind. Andererseits demonstrieren sie die neuen Statusymbole nicht immer gerne, denn sie könnten auch demütigend wirken. Die Erfolgreichen kommen dann lieber mit dem kleineren Zweitwagen bei den Eltern vorgefahren, um sie nicht spüren zu lassen, wie weit sich ihre Welten inzwischen voneinander entfernt haben. Die vornehme Gesellschaft arbeitet solche Schuldkomplexe gelegentlich in den Ritualen von Tradition und Brauchtum ab. Beispielsweise lädt sie unter dem Hinweis »Abendgarderobe erbeten« zu einem deftigen Erbseneintopf ein. Es darf auch Grünkohl sein oder was man sonst noch »kann futtern wie bei Muttern«. Hauptsache wieder einmal »back to the roots«.

Das Marienkind muss aus dem Himmel in die Niederungen einer Baumhöhle zurück. Aus dem Kulturkind wird wieder das Naturkind. In einer Großstadtgesellschaft bedeutet »zurück in die Wildnis« nicht, »Blätter und Nüsse zu sammeln«: Anja geht auf die Straße. Sie übernachtet bei Punks und lernt das Überleben am Rande der Zivilisation. Auch ihre Kleider zerreißen, auch ihre Haare wachsen wild. Kleine glänzende Piercing-Steine lenken vordergründig ab vom »Jammer und Elend der Welt«.

Rettung könnte vom anderen Geschlecht kommen, von einer Partnerschaft, einer eigenen Familie. Heim- und Adoptivkinder fallen häufig durch den früh geäußerten Wunsch nach einer eigenen Familie auf. Schnell möchten sie eigene Kinder kriegen. Dahinter steht auch die Sehnsucht, die eigene, verkorkste Biografie rasch zu rehabilitieren.[4] Lesen wir, wohin das im Märchen führen kann.

Einmal, als die Bäume wieder in frischem Grün standen, jagte der König des Landes in dem Wald und verfolgte ein Reh, und weil es in das Gebüsch geflohen war, das den Waldplatz einschloss, stieg er vom Pferd, riss das Gestrüppe auseinander und hieb sich mit seinem Schwert einen Weg. Als er endlich hindurchgedrungen war, sah er unter dem Baum ein wunderschönes Mädchen sitzen, das saß da und war von seinem goldenen Haar bis zu den Fußzehen bedeckt. Er stand still und betrachtete es voll Erstaunen; dann redete er es an und sprach: »Wer bist du? Warum sitzest du hier in der Einöde?« Es gab aber keine Antwort, denn es konnte seinen Mund nicht auftun. Der König sprach weiter: »Willst du mit mir auf mein Schloss gehen?« Da nickte es nur ein wenig mit dem Kopf. Der König nahm es auf seinen Arm, trug es auf sein Pferd und ritt mit ihm heim, und als er auf das königliche Schloss kam, ließ er ihm schöne Kleider anziehen und gab ihm alles im Überfluss. Und ob es gleich nicht sprechen konnte, so war es doch schön und holdselig, dass er es von Herzen lieb gewann, und es dauerte nicht lange, da vermählte er sich mit ihm.

Als etwa ein Jahr verflossen war, brachte die Königin einen Sohn zur Welt. Darauf in der Nacht, wo sie allein in ihrem Bette lag, erschien ihr die Jungfrau Maria und sprach: »Willst du die Wahrheit sagen und gestehen, dass du die verbotene Tür aufgeschlossen hast, so will ich deinen Mund öffnen und dir die Sprache wiedergeben. Verharrst du aber in der Sünde und leugnest hartnäckig, so nehm' ich dein neugeborenes Kind mit mir.« Da war der Königin verliehen zu antworten, sie blieb aber verstockt und sprach: »Nein, ich habe die verbotene Tür nicht aufgemacht«, und die Jungfrau Maria nahm das neugeborene Kind ihr aus den Armen und verschwand damit. Am anderen Morgen, als das Kind nicht zu finden war, ging ein Gemurmel unter den Leuten, die Königin wäre eine Menschenfresserin und hätte ihr eigenes Kind umgebracht. Sie hörte alles und konnte nichts dagegen sagen, der König aber wollte es nicht glauben, weil er sie so lieb hatte.

Nach einem Jahr gebar die Königin wieder einen Sohn. In der Nacht trat wieder die Jungfrau Maria zu ihr herein und sprach: »Willst du gestehen, dass du die verbotene Türe geöffnet hast, so will ich dir dein Kind wiedergeben und deine Zunge lösen: Verharrst du aber in der Sünde und leugnest, so nehme ich auch dieses Neugeborene mit mir.« Da sprach die Königin wiederum: »Nein, ich habe die verbotene Türe nicht geöffnet«, und die Jungfrau nahm ihr das Kind aus den Armen weg und mit sich in den Himmel. Am Morgen, als das Kind abermals verschwunden war, sagten die Leute ganz laut, die Königin hätte es verschlungen, und des Königs Räte verlangten, dass sie sollte gerichtet werden. Der König aber hatte sie so lieb, dass er es nicht glauben wollte, und befahl den Räten, bei Leibes- und Lebensstrafe nichts mehr darüber zu sprechen.

Die neue Begegnung mit der eigenen Biografie

Anja kam während ihrer Straßenzeit sporadisch stundenweise nach Hause. Die Eltern nahmen die Besuche ohne besondere Schuldvorwürfe an. Sie hielten Anja ihr Zimmer bereit. Spielzeug, Plüschtiere, alle Attribute des himmlischen Ambientes ihrer Kinderzeit lachten sie an. Doch Anja wollte nicht bleiben. Sie sprach nicht mehr die Sprache ihrer Mittelschichtfamilie. Der wiederum war die Sprache der Peergroup nicht zugänglich. Anja nahm leichte Drogen, verweigerte nach und nach die Nahrung. War sie der Familie gegenüber auch verstummt, so hatte sie doch nicht gänzlich mit ihr gebrochen. Einwände der Eltern blieben nicht wirkungslos. Anja vertraute ihnen, wenngleich sie das nicht offen zugeben mochte. Zudem war sie klug und sensibel. Nach und nach sah sie die Straßengruppe mit kritischeren Augen. Auch war Anja willens, eine Therapie aufzunehmen, die ihr die Eltern helfend vermittelten. Dort gebar sie zwar kein »schönes Töchterlein«, wie es im Märchen der Fall ist, doch sie fand das kleine Mädchen in sich wieder. An der Seite einer Therapeutin näherte sich Anja ihrer eigenen Kindheit. Ohne Angst haben zu müssen, »die große Gottesmutter« zu enttäuschen, durften die Wegmarken ihres Lebens beleuchtet werden. Statt Anpassung, Dankbarkeit und naiven Liebseins konnten nun die Ambivalenzen an- und ausgesprochen werden.

An den freien Tagen zwischen den ambulanten Therapiestunden lockte jedoch das »Zuckerbrot« der bequemen »Lösung«. Das waren immer wieder die leicht zugänglichen Drogen. Um diese Fluchtwege zu verbauen, veranlasste die Therapeutin den Wechsel zur stationären Behandlung in einer Klinik für Kinder- und Jugendpsychiatrie, wozu Anja einwilligte. Da waren nun keine »Englein« mehr die Spielkameraden, sondern da ging es in der Jugendlichengruppe recht robust zu. Aber das kannte sie von der Straße und schien ihr aus der Ahnung, wie ihr »früheres Leben« ausgesehen hatte, nicht unvertraut zu sein. Nun aber erlebte sie es unter fürsorglicher Anleitung und mit konstruktiven statt destruktiven Zielen.

Hören wir zunächst, wie das Märchen endet:

Im nächsten Jahr gebar die Königin ein schönes Töchterlein; da erschien ihr zum dritten Mal nachts die Jungfrau Maria und sprach: »Folge mir.« Sie nahm sie bei der Hand und führte sie in den Himmel und zeigte ihr da ihre beiden ältesten Kinder, die lachten sie an und spielten mit der Weltkugel. Als sich die Königin darüber freute, sprach die Jungfrau Maria: »Ist dein Herz noch nicht erweicht? Wenn du eingestehst, dass du die verbotene Tür geöffnet hast, so will ich dir deine beiden Söhnlein zurückgeben.«

Aber die Königin antwortete zum dritten Mal: »Nein, ich habe die verbotene Tür nicht geöffnet.« Da ließ die Jungfrau sie wieder zur Erde herabsinken und nahm ihr auch das dritte Kind.

Am nächsten Morgen, als es ruchbar ward, riefen alle Leute laut: »Die Königin ist eine Menschenfresserin, sie muss verurteilt werden«, und der König konnte seine Räte nicht mehr zurückweisen. Es ward ein Gericht über sie gehalten, und weil sie nicht antworten und sich nicht verteidigen konnte, ward sie verurteilt, auf dem Scheiterhaufen zu sterben. Das Holz wurde zusammengetragen, und als sie an einem Pfahl festgebunden war und das Feuer rings umher zu brennen anfing, da schmolz das harte Eis des Stolzes, und ihr Herz ward von Reue bewegt, und sie dachte: »Könnt' ich nur noch vor meinem Tode gestehen, dass ich die Tür geöffnet habe«, da kam ihr die Stimme, dass sie laut ausrief: »Ja, Maria, ich habe es getan!« Und alsbald fing der Himmel an zu regnen und löschte die Feuerflammen, und über ihr brach ein Licht hervor, und die Jungfrau Maria kam herab und hatte die beiden Söhnlein zu ihren Seiten und das neugeborene Töchterlein auf dem Arm. Sie sprach freundlich zu ihr: »Wer seine Sünde bereut und eingesteht, dem ist sie vergeben«, und reichte ihr die drei Kinder, löste ihr die Zunge und gab ihr Glück für das ganze Leben.

Anja musste nicht den dramatischen Weg über den Scheiterhaufen gehen. Doch es brannte lichterloh in ihr, durchaus mit Lebensgefahr. Beim Aufnahmegespräch in der Klinik kam es nämlich zu einer »psychotischen Dekompensation«, wie es im Psychiatriebefund hieß. Einhergehend mit Schlaflosigkeit und einer reaktiven Essstörung mit Heißhungerattacken war die bedrohliche Lage Indikation für eine vorübergehend geschlossene Unterbringung.

Mit Ecstasy-Pillen hatte Anja sich künstlich wach gehalten und provozierte damit genau den Zustand, den sie am Schlaf so fürchtete: den Kontrollverlust. In der Klinik weinte sie hemmungslos, zeigte starke Ängste, fühlte sich verfolgt, und immer wieder brach ein unstillbarer Essdrang durch. Der psychotische Zusammenbruch war wie ein Schlaf der »anpassungspflichtigen«, strategisch-verdrängenden Anja. Er ließ die regressiven Impulse zu, die im kontrollierten Zustand abgewehrt wurden. Eine weinerlich-kla-

gende Jugendliche, ohne Durchhalte- und Konzentrationsvermö-
gen, aber auch ohne Aggressivität schlich auf der Station herum.
Wie im Zeitraffer wiederholte sich in solchen Krisen der Durchlauf
zur Selbstwerdung. Beim Marienkind begann er »nach tiefem
Schlaf« im geradezu embryonalen Zustand »in der Einöde eines
hohlen Baumstamms«. Anja vollzog ihn über kleinste Zeiteinheiten
in der Ergotherapie, im Gruppenleben, später auch in der Klinikschule. Mühsam dehnte sich ihre Ausdauer, der Realität stand-
zuhalten. Es gab Rückschläge. Eine ansteckende Hauterkrankung
erzwang isolierende Maßnahmen. Die machten ihren Alltag zur
Einöde, gewährten ihr als Begleiterscheinung aber auch die Exklu-
sivität von Einzelkontakten. Vielfach verhielt sie sich noch kleinkindhaft, schwankte zwischen Trotz und Weinerlichkeit. Doch sie
begann, darüber zu sprechen. Sie konnte ihr Verhalten reflektieren
und benennen. Sie beschrieb öfter eine Seite an sich, die etwas tut,
und eine andere, die es gleichzeitig verhindert.

Psychotherapie als Chance

Im Schutze des Stations-Settings kann Anja auch erstmals ihren
Adoptionsstatus vor und mit den Eltern ansprechen. Anfänglich
müssen solche Gespräche bald abgebrochen werden, weil ein
Rückfall in Überforderungssymptome droht. Doch können Dauer
und Themenkreise nach und nach erweitert werden. Die Eltern
lernen auszuhalten, dass Anja sich dabei noch einer besonderen
Schnippigkeit als Schutzpanzer bedienen muss. Nach einigen
Wochen bittet das Mädchen erstmals darum, tageweise aus der
Klinik in den Heimatort der Eltern beurlaubt zu werden. Zuvor
hatte sie sich das nicht zugetraut und einen Rückfall ins Drogen-
milieu des alten Freundeskreises befürchtet.
Ins himmlische Paradies kehren weder Anja noch das Marienkind
zurück. Sie gehen ihre Wege auf Erden. Nicht auf einer sterilen,
sauberen Englein-Wiese, sondern an der Seite realer Menschen ist
ihr Platz. Zwei Glücksfälle kommen unserer irdischen Protagonis-
tin dabei zur Hilfe. Erstens findet sie einen Platz in einer Facheinrichtung für betreutes Wohnen. Ihr Zimmerchen dort wird ihr
zum Palast der Autonomie. Gerne besucht sie von dort aus ihre

Eltern, die sich ihrerseits sehr auf den gelegentlichen Wochenendgast freuen. Zweitens lernt Anja während eines Betriebspraktikums, das sie über die Klinikschule im Rahmen ihres Realschulabschlusses leistet, einen Spielwarenladen kennen, in dem sie sich sehr wohl fühlt und nachfolgend Aushilfsdienste machen darf. Auf die Ladeninhaberin hat Anja eine Mutterübertragung. Unbewusst kann sie dadurch die Loslösung aus ihrer Herkunftsfamilie (für diese stehen nun die Adoptiveltern) üben. Sie wiederholt damit auf einer kompetenten Ebene eine Erfahrung, der sie als Kleinkind nur hilflos begegnen konnte. Damals musste sie den Wechsel von einer Mutter zur anderen ohnmächtig erdulden. Auch den entlastenden, regressiven Impulsen darf sie sich nun täglich legitim hingeben, indem sie Kindern Spielzeug vorführt und verkauft.

Im Märchen kann das Marienkind erlöst werden, nachdem es seine »Sünde« eingestanden hat. In der Realität gibt es heute auch Lösungen außerhalb von archaischen Metaphern in Märchen und Legenden. Die Chance, sich im psychotherapeutischen Gespräch der unbewussten Wirkkräfte und Dynamik bewusst zu werden, ist seit der Entwicklung der Psychoanalyse gegeben. Im therapeutischen Prozess konnte Anja die Ängste und Fantasien einer vermeintlich widerrechtlichen Aneignung des Familienstatus noch einmal durchleben – und auflösen. Es ist nichts Unrechtes, jenseits der »Blutsbande« in anderen Bezugssystemen aufzuwachsen. Es ist nicht verboten, um die leibliche Herkunft im Elend zu wissen und gleichzeitig den neuen Status einer konstruktiven Fortentwicklung zu genießen. Menschen können die »märchenhafte« Determiniertheit auflösen, sie müssen nicht auf magische Erlöserformeln von außen warten. Stattdessen können sie sich – mit Hilfen – um die Auflösung festsitzender Fantasien und Anpassungsstereotypen bemühen. Mit Herz und Verstand – den wichtigsten Säulen im Adoptionsprozess. Schwierig und stürmisch bleibt er allemal – und lohnend! Wie bei Anja, dem »Marienkind«.

Amtsstube statt Kreißsaal
Adoption und Körperlichkeit

Wie kommen Eltern zu einem Kind? Nun: »Die Schwangerschaft wird durch einen Antrag bei Gericht eingeleitet.« Für Kabarettisten wäre eine solche Antwort ein Leckerbissen. Zugegeben, diese Formulierung gibt es nicht. Sie ist konstruiert. Des Witzes wegen wurde ein Begriff ausgetauscht. Der Satz muss korrekt lauten: »Das Adoptionsverfahren wird durch einen Antrag bei Gericht eingeleitet.«[5] Wenn nicht die Gefahr bestünde, Empfindungen zu verletzen, könnten sich die Gag-Schreiber von Satire und Comedy noch reichlich des Sujets Kindschaftsverhältnis per Adoption bedienen. »Das Adoptionsrecht stellt den Ausspruch der Adoption als Hoheitsakt (Dekretsystem) aus und bestimmt in der Wirkung die Herstellung wechselseitiger voller verwandtschaftlicher Beziehungen.« Solche Satzgebilde klingen für Laien-Ohren kompliziert. Im Bemühen um Rechtsklarheit und Wohl der Betroffenen sind sie sicherlich nötig und sollten wegen der Sensibilität des Themas nicht als Steinbruch für Pointen herhalten.

Dennoch sei das Wortspiel eingangs gestattet. Es mag verdeutlichen, welche Welten den Zeugungsakt zu Beginn einer leiblichen Elternschaft von der »Urszene« einer Adoptivelternschaft trennen. Das soll nicht wertend verstanden sein. Die Frage danach, was gut und was schlecht ist beim Start ins Leben, käme hier zu früh. Und wer geneigt ist, von vornherein allem »Natürlichen« pauschal den Vorzug zu geben, dem sei in Erinnerung gerufen, dass in der Menschheitsgeschichte Kinder millionenfach auch unter problematischen, durchaus scheußlichen Umständen der Natur gezeugt wurden.

Die Vorstellung von einem »Zeugungsakt im Kopf« soll polarisieren. Sie will bewusst machen, auf welch enorm anderem Zugangsweg Adoptivkinder zu ihren Eltern kommen. Ein Verwaltungsakt steht dem gegenüber, was sonst mit Vorstellungen von Lust, Ekstase, auch mit Schweiß und Blut assoziiert wird. In kaum einem Lebensbereich empfinden Menschen sich so kreatürlich wie in der Sexualität. Keinen anderen animalischen Bereichen ihrer Natur haben sie so vielfältige kulturelle Bewältigungsversuche in Literatur, Kunst und Film gewidmet. Bei Zeugung, Schwangerschaft und Geburt spüren sich auch verkopfte Zeitgenossen als biologische Wesen. Manche mag das erschrecken. Viele hingegen gestalten diese Erfahrung heute geradezu kulthaft.

Ein Kind wächst heran. Noch vor zwei, drei Generationen wurde das eher als Belanglosigkeit zur Kenntnis genommen. Heute etablieren sich in den Wohlstandsgesellschaften Dienstleistungs- und Marketingbetriebe um das Thema Schwangerschaft. Fotoalben beginnen längst nicht mehr mit dem ersten Babybild in der heimischen Wiege. Erst folgt ein mehrseitiger Vorspann mit Kopien vom Schwangerschaftstest, diversen Ultraschallaufnahmen und Untersuchungsdiagrammen. Da wird protokolliert, wann die ersten Herztöne zu hören, das Füßchen unter der Bauchdecke erstmals zu spüren waren. Natürlich gehört dazu auch ein Bild von Mamas Bauch. Wenn's das zweite Kind ist, gerne auch ein Bild vom Erstgeborenen mit dem Ohr an Mamas prall nach außen gestülptem Bauchnabel: »Ich freu' mich auf mein Geschwisterchen!« Seit Werbung, Mode und Yellow Press die Schwangeren für sich entdeckt haben, gibt es reichlich Darstellungen aller Posen. Doku-Serien im Fernsehen begleiten werdende Eltern durch die neun Monate vor der Niederkunft. Mal sehen wir sie beim Baby-Ausstatter, mal dürfen wir am Staunen des werdenden Vaters im Schwangerschaftskurs teilhaben. Kurz: Das Thema »Ein Kind kommt ins Haus« ist emotional hoch besetzt und mit ganz viel Körperlichkeit verbunden. Von so archaischer, so vitaler und intimer Art, dass eine mediale Schamlosigkeit es als Quotenbringer erkannt hat.

Wer die geschilderten Zustände als Popanz und Zirkus bemäkelt, übt zu Recht Zeitgeistkritik. Er sollte jedoch nicht außer Acht lassen, welche Chance der Vorbereitung damit verbunden ist. Auch wenn es übertrieben inszeniert ist, wird hier doch etwas gestaltet, ja ritualisiert, das von elementarer Erfahrung für Menschen ist. Für junge Paare ist die Geburt eines Kindes so einschneidend, dass von ihnen Sätze kommen wie »Das hat alles verändert!«, »Seitdem läuft bei uns alles anders!«, »Das muss man erleben, es ist sonst nicht zu glauben!«. Neun Monate scheinen nicht nur für die biologische Reifung von Embryo und Fetus von Nöten zu sein. Auch die werdenden Eltern brauchen diese Zeit, um sich auf den Wandel ihrer Rolle, ihres Tagesrhythmus oder auch ihrer sich verändernden Paardynamik einstellen zu können. Immer haben diese Prozesse mit viel Körperlichkeit zu tun. Noch passiv bei den ersten medizinischen Untersuchungen, später zunehmend aktiv. Werdende Mütter essen dann anders, bewegen sich anders, haben ein anderes Körpergefühl. Im Idealfalle stützen die zukünftigen Väter das mit Anteilnahme, Hilfen und auch Einschränkung ihrer expansiven, auch sexuellen Wünsche. Die Wehen sind dann der letzte und extremste körperliche Selbsterfahrungsakt, bevor Eltern zu ihrem Kind gelangen.

Die Wehen von Adoptivmüttern

Wehen sehen bei Adoptiveltern anders aus. An die Stelle von Zeugung und Geburt treten bei ihnen Unterschrift und Stempel. Die Amtsstube ersetzt den Kreißsaal. Tatsächlich vergleichen manche Paare den langen Instanzenweg zum Adoptivkind mit einer Schwangerschaft. Eine Mutter sagte einmal, sie wisse zwar nicht, was Wehen sind. Aber ihre Not und Sorge um das Zustandekommen der erwünschten, in ihrem Falle rechtlich sehr konfliktreichen Adoption seien zuletzt so schmerzreich gewesen, dass auch sie auf ihr ganz persönliches Wehen-Erlebnis verweisen könne. Es schien ihr wichtig zu sein, dem Kreis der Mütter zuzugehören, die von existenziell beschwerlichen Erlebnissen im Sinne eines Initiationsritus bei der Kindannahme berichten können.

Es geht nicht darum, ob Wehen stellvertretend erlebt werden können und ob die Abstraktion des Geschehens dem körperlichen Intensivgeschehen gleichgesetzt werden kann. (Wie sollten zwei männliche Autoren das auch beurteilen?) Es geht darum anzuerkennen, dass Paare nicht ohne spürbare Vorbereitungszeit zur Elternschaft gelangen. Die Biologie erzwingt mit der Schwangerschaft dafür eine Zeitspanne von bis zu 280 Tagen. Vielleicht gehört es zum großen Reservoir menschlicher Kompensationsmöglichkeiten, dass kreative Alternativen verfügbar sind. Womöglich kann der Kopf vieles ausgleichen, was sonst aus dem Bauch kommt. Wichtig ist, um die Intensität der Vorbereitungszeit zu wissen. Die Körperlichkeit der natürlichen Schwangerschaft darf von Adoptiveltern nicht unterschätzt werden.

Tückisch ist, dass Adoptiveltern oft recht bewusst lebende, vernünftige Menschen sind. Aus dieser Lebenshaltung heraus überschätzen sie leicht den Kopf und unterschätzen den Bauch. Den müssen sie nicht zwangsläufig als »Niederung des Animalischen« verunglimpfen. Sie spüren schlichtweg nicht seine Bedeutung. Das ist ihnen nicht vorzuwerfen. Vielmehr ist ihnen zu wünschen, dass sie es sich auch nicht – unbewusst – selbst vorwerfen. Eher mögen sie eine ausbleibende Schwangerschaft bedauern, gar betrauern. Dies als Lücke zu empfinden, mag quälend sein. Doch es wird sie näher an eine Elternschaft heranführen, als wenn sie die Bedeutung ignorieren oder nur intellektuell kompensieren.

Kein Paar wird »von heute auf morgen« zu Adoptiveltern. Immer geht hierzulande eine behördliche Vorlaufzeit voraus. Dennoch kann die Entscheidung für ein bestimmtes Kind in kürzester Zeit fällig werden. »Da liefen bei mir in einer Woche Prozesse ab, für die andere Mütter vierzig Schwangerschaftswochen Zeit haben«, sagte später die bis dahin kinderlose Mutter von Josef. Als Lehrerin fühlte sie sich der anstehenden Aufgabe pädagogisch durchaus gewachsen. Und ihr Ehemann, ein etablierter Rechtsanwalt, meinte, das »muss doch hinzukriegen sein«, als ihnen die lange angestrebte Kindaufnahme plötzlich angeboten wurde. Vernünftig und verantwortungsvoll widmeten sie sich dem fünf Tage alten Baby. Josef wuchs bei ihnen zu einem gesunden, wohl erzogenen Kind heran. Pädagogische und medizinische Aufgaben durfte man erfolgreich abhaken. Das Familienleben verlief weiterhin durchaus gemütsvoll, aber unspektakulär. Ein Kind war zu zwei Erwachsenen hinzugekommen, ohne dass es zu Einschnitten und Eruptionen im Beziehungsgefüge gekommen wäre. Die Mutter ging nach Annahme des Kindes wieder zum Schuldienst, so als hätte sie nur mal kurz wegen einer Grippe unterbrechen müssen. Der Vater blieb der joviale Vereinsmensch, der er die Ehejahre zuvor auch schon gewesen war. Die Familie war um einen Kopf angewachsen, die Qualität ihrer Beziehung blieb jedoch unberührt.

Adoption? »Kein Problem«, hätten die Eltern verkünden können. Doch Josef schiss drauf. Pardon! Aber es muss in diesem Falle so drastisch gesagt werden, wie es das Symptom des Kindes ausdrückte. Nicht nur, dass Josef mit 12 Jahren noch täglich einnässte, ohne je trocken gewesen zu sein, und ohne dass ein körperlicher Befund als Ursache dafür vorgelegen hätte. Noch weit im Grundschulalter setzte er den Eltern einen Haufen in diverse Wohnzimmerecken. Vor allem bei Gefühlen von Nichtbeachtung. Während der analytischen Psychotherapie, die dieses Symptoms wegen begonnen wurde, offenbarte sich die mangelhafte Affektlage des Jungen. Liebevolles und Aggressives konnten nur getrennt bestehen. Es fehlte deren Integration in ein kompetentes Ich, das mit widersprüchlichen und ambivalenten Empfindungen hätte umgehen können. Gut und Böse durften nur in kleinkindhafter Spaltung nebeneinander existieren. Gut war die Familie, gut waren die Eltern, gut war lange Zeit der Schüler Josef. Böse war der »Teufel« in ihm, von dem er dem Therapeuten erzählte. Doch wehe, der Therapeut sprach Josef von sich aus darauf an! Dann drohte er, nicht mehr zu kommen. Kinder wie er erzwingen bei Deutungen eine hohe Zurückhaltungsdisziplin. Voreiligkeit und Unbedachtsamkeit können den Widerstand bis hin zum Therapieabbruch provozieren.

Regressives zulassen

Eltern regredieren in der Pflegephase ihrer Kinder sprachlich intuitiv auf deren Niveau. Das ist wichtig, um vitale Impulse des Kindes empathisch zu spiegeln. Auch sinken bei Eltern die Grenzen der Geruchsempfindlichkeit und des Ekels. Eincremen, Baden, Füttern sind sehr körpernahe Tätigkeiten. Kontaktaufnahmen zum Kleinkind sind voller Körperlichkeit und haben sogar etwas lustvoll »Animalisches«, das qualitativ an der vorgeburtlichen Körperzentriertheit der Eltern-Kind-»Beziehung« anzuknüpfen scheint. Das Verhältnis zwischen Josef und seinen Eltern war nicht seelenlos, doch es war recht fleischlos. Windelwechsel beispielsweise wurde klinisch perfekt vollzogen. Doch blieben lebhafte Begleitkommentare aus wie etwa das Bestaunen des »großen Stinkers« oder der Jubel über den »mächtigen Haufen«, den das Baby präsentiert hatte. In der begleitenden Elterntherapie beschrieb Josefs Mutter mit dem Abstand von zwölf Jahren die Kleinkindzeit stets mit dem Gefühl der »Lücke«. Irgendetwas habe sie übersehen. Das heißt, sie habe es eigentlich gar nicht gesehen. Sie habe damals geglaubt, alles gut zu machen, und die Lücke stelle sich jetzt auch mehr theoretisch ein, als Ergebnis der retrospektiven Gespräche.[6] So richtig »aus dem Bauch heraus könne sie dem Therapeuten noch nicht folgen«. Aber reflexions- und analysefähig wie sie war, schien es ihr einleuchtend, dass mehr als vorpubertäre Lustlosigkeit dahinter stecken musste, als Josef nach einem Jahr schon der Abgang vom Gymnasium nahe gelegt wurde. Der sich in bildungsbürgerlicher Wohlerzogenheit gebende Junge hatte – unbewusst – die Notbremse der Bildungsverweigerung gezogen. Er verschaffte seiner saftigen Vitalität drastisch den Raum, den er bislang nicht zu haben glaubte: Josef baute – in seiner Sprache – »jede Menge Scheiß«.

Das rief nun den Vater auf den Plan. Doch überraschenderweise nicht nur in der erwarteten mahnenden, strafenden Funktion, sondern als – anfangs heimlichen – Verbündeten. Der gestand nun schmunzelnd die Missetaten seiner eigenen Jugendzeit ein. Er sah plötzlich Parallelen zu Josef, die ihn staunen ließen, »da es bei Adoptionen eigentlich doch keine Vererbung geben kann.« Mit einem Mal kam in die Beziehung eine Lebendigkeit, die sich aus eigenem, hautnahem biografischen Fundus der Eltern speiste. Jenseits der schulischen Bildungsziele fanden sich Vater und Sohn nun in der beiderseitigen Vorliebe für Eishockeyspiele wieder und genossen gemeinsam Fernsehkrimis. Als Josef älter war, rauchten beide gerne zusammen. Im jungen Erwachsenenalter hingegen wurde die Mutter wieder eine empathische Mitstreiterin für den Jungen, als es dem Vater schwer fiel, ihn von zu Hause ziehen zu lassen.

Josefs Adoption soll hier nicht als Fall ausgebreitet werden. (Bis auf gelegentliche Probleme in der Affektsteuerung steht der Junge heute in der Ausbildung im Fremdenverkehrsgewerbe seinen Mann.) Sie sollte illustrieren, dass im Eltern-Kind-Verhältnis neben den verantwortlich-vernünftigen Aspekten auch die körperlichen, sagen wir ruhig animalischen Kräfte notwendig sind. Sie können weder zur Bedingung gemacht werden, noch sollte ihre Unentwickeltheit als Ausschlusskriterium einer gelingenden Beziehung gewertet werden. Sie sind auch nicht über Lernprogramme nachzuholen.

Wichtig ist, sie nicht zu ignorieren. Werden sie als existenziell wichtig erkannt, können auch Kompensationschancen wahrgenommen werden. Man muss nicht im Kreißsaal gelegen haben, um dessen Bedeutung zu erahnen. Vielleicht genügt es, einen Blick hineinzuwerfen, um die Wichtigkeit archaischer Kräfte zu verstehen. Kommen diese nicht zu ihrem Recht, oder werden sie erst gar nicht als bedeutend gesehen, können sie sich – wie bei Josef – eine unkontrollierbare und letztlich destruktive Bahn brechen. Im gemeinsamen, genussvollen Konsumverhalten fanden Vater und Sohn ein kompensatorisches Ventil. Das zeigte in Gewichtspfunden jedoch auch seine Nebenwirkungen.

»Dann geh doch zurück!«
Die Existenz der Schattenfamilie

Der Fall der Berliner Mauer raubte den deutschen Polit-Stammtischen einen ihrer Lieblingssprüche: »Dann geh doch nach drüben!« Diese Aufforderung war als »Argumentations-Keule« schnell zur Hand, wenn etablierte Bürger ihre – westdeutschen – Verhältnisse von ideologischen Linksauslegern zu sehr bemäkelt sahen. »Drüben«, das war die DDR, die »Ostzone«, wie Fernseh-Ekel Alfred Tetzlaff[7] sie mit verächtlicher Penetranz nannte.
Um jemanden aus einer momentanen Verstimmung heraus mal eben wegzuwünschen, gibt es mehrere Redensarten. Man kann jemanden »auf den Mond schießen« oder ihn dorthin schicken, »wo der Pfeffer wächst«. Im momentanen Affekt ist das durchaus zornig gemeint, bleibt aber nicht lange als böser Fluch stehen. Letztlich klingt das Scherzhafte der Verwünschung durch. Zum Wechsel »nach drüben« aufzufordern, war jedoch von anderer Qualität. Das war wirklich böse, denn es war realistisch. »Drüben« gab es wirklich. Das war der Alternativstaat gleicher Sprache, gleicher Wurzeln und doch so ganz anderer Werte- und Gesellschaftsordnung. Geradezu perfide wurde die Redensart, wenn dem Fluchenden bekannt war, dass der Beschimpfte tatsächlich einst »von drüben« gekommen war. Das hieß, er solle gefälligst dorthin zurückgehen, wo er hergekommen war. Da klang nichts

Spielerisches mehr mit. Das war ein »Totschlagargument«, das keine Differenzierungen zuließ, da galt nur schwarz oder weiß. Im menschlichen Zusammenleben gilt nicht nur schwarz oder nur weiß. Zumindest nicht auf Dauer. So seltsame Begriffe wie »Hassliebe« verdeutlichen, dass Beziehungen mitunter recht ambivalent verlaufen. Eben noch umarmt, wird jemand beim nächsten Eifersuchtsgefühl erdrückt. Besonders im Zustand der Verliebtheit fahren die Gefühle Achterbahn. Kinder kennen ähnliche Zwiespältigkeiten. Da kann die »liebste Mama der Welt« bei ihrem nächsten »Nein« verwünscht werden: auf den Mond mit ihr, zur Hölle oder zu denen, die sie »sowieso viel lieber hat«. Umgekehrt können auch die liebevollsten Eltern genervt auf Anspruchlichkeiten ihrer Kinder reagieren. Sie möchten sie loswerden. Selbstverständlich nur für den Moment, nicht »in echt«. Wenn Kinder in ihrer Quengeligkeit den Eltern vorhalten, dass man in der Familie von Freund XY viel mehr dürfe und es dort sowieso viel besser sei, kann Eltern auch einmal der Spruch herausrutschen: »Dann geh doch zu denen!«

Die in Konfliktszenen so hoch gelobten »anderen«, zu denen man gehen soll oder gehen will, spielen stets nur eine momentane Rolle. Die Fantasie instrumentalisiert sie als Schattenfamilie. Sie sind die Vision einer besseren Alternative. Irrational, aber hilfreich. Sie zwingt zur Auseinandersetzung mit der Realität. Tückisch wird es, wenn das Bild der Schattenfamilie kein Phantom, sondern Wirklichkeit ist. Wenn das »Drüben« real existiert, hört das Gedankenspiel auf. Jetzt wird es ernst. Details der Alternative müssen gar nicht bekannt sein, es reicht zu wissen, dass es sie gibt. Ja, in Vorzeiten war man ihr sogar einmal zugehörig. Das ist die Situation von Adoptivkindern.

Verwünschungen in Fantasie und Realität

Zu den verbalen Affektentgleisungen streitender Paare gehört die Aufforderung: »Dann geh doch dahin zurück, wo du hergekommen bist!« Wirkt solch ein Zornesausbruch unter Erwachsenen schon sehr verletzend, so ist er für Adoptivkinder höchst bedrohlich. Denn eine »Herkunftsadresse« gibt es wirklich. Sie erwies sich als lebensuntüchtig und nicht tragfähig. Umgekehrt kann die Verwünschung auch für die Adoptiveltern bedrohlich werden. Bei ihnen bricht eine Welt zusammen, wenn die Kinder trotzig antworten: »Dann geh ich eben zurück!«

Um keine Missverständnisse aufkommen zu lassen, sei es noch einmal gesagt: Verwünschungen wie die erwähnten sind kein Spezifikum eines Adoptionsverhältnisses. Sie sind typisch für Beziehungs- und Erziehungsprozesse allgemein. Zündstoff taucht hier immer auf. Und davon kann auch eine ganze Menge verkraftet werden, ohne dass es gleich traumatisierende Probleme geben muss. Wichtig ist, dass das (Familien-)System die Spannungen aushält und in der »Stunde danach« aufgreift, klärt, bespricht, zurücknimmt und um ein weiteres Miteinander ringt. Problematisch wird es, wenn tatsächlich eine »Schattenfamilie« existiert. Wenn neben der konkreten Familie eine Alternativfamilie abrufbar ist – und sei das Bild von ihr noch so diffus –, besteht die Möglichkeit zum Ausweichen. Gedanken und Willenskraft flüchten, wo eigentlich etwas durchgestanden sein will. An dieser Stelle soll nicht verhehlt werden, dass es auch Kinder gibt, die sich in ihren Familien so unwohl fühlen, dass ein gedankliches Flüchten in eine »Schattenfamilie« für sie die Rettung ist, nicht zu zerbrechen. Wir haben es bei Adoptierten gelegentlich erlebt, dass sie sich in ihrer materiell bestens ausgestatteten und es sehr gut meinenden neuen Umgebung so unverstanden, so deplatziert fanden, dass nur eine Gedankenflucht sie das Leben in dieser Familie aushalten ließ. Auch das ist nicht auf Adoptivkinder beschränkt, bekommt durch das Wissen um die zweite Familie aber eine besondere Dynamik.

Loslösungsschritte vollziehen sich zuweilen recht robust. »Ein Faustschlag ins Gesicht der Pietät gehört zu den Taten, ohne welche man nicht von der Schürze der Mutter loskommt«, heißt es bei Hermann Hesse (1918/1971, S. 85). Wenn statt des Aushaltens und Durchstehens solcher Schwellensituationen die (Gedanken-)Flucht einsetzt, bringen sich die Beteiligten um wichtige Beziehungserfahrungen. Die Kinder erleben keinen stabilen Autonomiezuwachs, die Eltern erleben nicht, dass Loslassen gewinnbringend sein kann.

Das bekannte Kinderlied »Hänschenklein« handelt vom Abschied des Kindes aus der Familie. Hänschen will »in die weite Welt hinein«. Das ist ein legitimer Wunsch, wenn er auch noch zu früh kommt. Doch was für eine Erfahrung macht ein Knirps, wenn er gar nicht bis in die Welt hinauskommt? Wenn er gleich um die Ecke bei seiner Schattenfamilie einkehrt, die – in seiner Fantasie – nur darauf wartet, ihm das bessere, das bequemere Leben zu bieten? Der kleine Hans im Kinderlied kehrt zurück, denn: »... die Mama weint so sehr, hat ja gar kein Hänschen mehr.« Es ist nicht die Rede davon, dass es dem Kleinen bei seinem kessen Alleingang vielleicht angst und bange wurde. Nein, es ist die Mutter, die ohne ihn nicht mehr zurechtkommt. Das ist eine typische Fantasie kindlicher Grandiosität. Der Gedanke »Ohne mich können die doch gar nicht leben« schützt davor, die reale Abhängigkeit, die noch psychosoziale kindliche Inkompetenz als lähmende Ohnmacht zu verspüren. Mal »auf Probe« weggehen, mal – für Minuten – die »weite Welt« erobern sind wichtige Vorläufer späterer Ablösungsprozesse. Es kann für die Entwicklung förderlich sein, wenn zwei Komponenten mitwirken: Der Schritt in die Welt muss subjektiv mit vollem Risiko gewagt werden, und er muss sich zugleich als Spiel auflösen dürfen. Er darf nicht Realität werden.

Ein reales »Drüben«, eine reale Schattenfamilie, die sich als schnelle Alternative anbietet, wirkt eher entwicklungsverzögernd. Nun ist sie im Adoptionsfall nicht zu leugnen. Es gibt sie ja tatsächlich. Damit lässt sich leben. Es ist nur umso wichtiger, sie nicht im beschriebenen Sinne als Drohung einzusetzen. Das verlangt ein Mehr an Arbeit und Disziplin im Erziehungsgeschehen – wie so vieles bei Adoptionen. Doch es ist kein Exklusivproblem dieser Familien. Das Drohen mit der »Schattenfamilie« kennen auch Elternpaare, die in Trennung leben. »Wenn ich bei dir nicht Fernsehen gucken darf, dann zieh' ich eben zu Papa. Der erlaubt viel mehr«, so heißt es in einer von vielen Alltagsepisoden. Ähnliches kann passieren, wenn mehrere Generationen unter einem Dach wohnen. Etwa, wenn Opa dem Enkel heimlich das Geld für etwas zusteckt, das nach Ansicht der Eltern erst erspart werden soll.

Vielleicht etablieren sich mit den in neuerer Zeit propagierten »offenen Adoptionen« konstruktive Möglichkeiten. Wenn alle Beteiligten die Disziplin aufbringen, sich nicht als voreilige Alternative missbrauchen zu lassen bzw. sich als solche nicht anbieten, dann liegt in der Existenz des »Drüben« sogar eine Chance. In einem bewusst gestalteten Kontakt zwischen leiblichen und Adoptiv-Eltern müssen keine ominösen Schattenfamilien herumgeistern. Das könnte die mitunter engen Kleinfamilienstrukturen, in die manche Adoptivkinder hineingeraten, weiten. Doch dies verlangt, wie gesagt, große Disziplin der Erwachsenen.

Wenn zur großen Disziplin auch noch ein großes Herz kommt, können Formulierungen entstehen, wie sie die Mutter von Roberto, eines aus Südamerika adoptierten Kindes, für sich fand. Der Junge wusste stets von seinem Familienstatus. Doch nun, inzwischen elfjährig, begann er nach der leiblichen Mutter zu fragen. Die Adoptivmutter konnte, ohne gekränkt zu sein, ihm antworten: »Ich weiß nicht viel von ihr. Ich kenne sie nicht. Aber ich mag sie. Ich brauche sie auch.« »Warum?«, fragte Roberto. »Ohne sie hätten wir dich nicht bekommen. Und dich mögen wir sehr. Die Frau, die dich geboren hat, ist eigentlich meine beste Freundin.«

Das Verbindende und Trennende
Patchwork-Familien und Huckepack-Kinder

Die häufigste Form der Adoption kommt heute durch die Kindannahme eines Stiefelternteils zustande. 2003 machte sie über die Hälfte der insgesamt 5330 Adoptionen in Deutschland aus. Die Situation, dass ein biologischer Elternteil vorhanden ist und der Partner das in die Ehe – quasi huckepack – mitgebrachte Kind adoptiert, kann zu ganz unterschiedlichen Fantasien und Erwartungen führen. Häufig kreisen sie um Fragen der Nähe, des Zusammengehörens und der Verbindlichkeit zwischen den Familienangehörigen. Das Kind gerät leicht zum Prüfstand für die Beziehung. Kommen von beiden Partnern Kinder in die neue Gemeinschaft, führt dies fast zwangsläufig zu einer komplizierten und neuen Beziehungsdefinition. Rivalitätsgefühle gewinnen ebenso an Be-

40

deutung wie der Versuch, sich eine bislang exklusive Rolle zu erhalten. Unterschwellig steht die Frage im Raum: »Wem wird am meisten Beachtung geschenkt?« In der Sprache der Kinder heißt das kurz und knapp: »Wer hat wen lieber?«

Mein Kind – dein Kind

Die Konstellation so genannter Patchwork-Familien hat Vor- und Nachteile. Eine Chance dieser speziellen Adoptionssituation liegt darin, dass Bindung und Beziehung zu einer frühen Bezugsperson erhalten bleiben. Die Belastung besteht jedoch auch gerade in dieser Vertrautheit, denn die besonders engen und gewachsenen Interaktionen werden durch die hinzugekommenen Personen in Frage gestellt. Die eingeübten Beziehungsmuster müssen neu ausgehandelt werden. Enttäuschungen und Kränkungen sind vorprogrammiert, das emotionale Gleichgewicht gerät ins Schwanken, und Rückversicherungen über die eigene Bedeutung können das Familienleben lähmen und belasten. Dies mit Eifersucht und Dominanzstreben zu erklären, greift zu kurz, weil Kinder und Jugendliche ihre Position nun grundlegend verändert erleben und sich dadurch existenziell bedroht fühlen können: »Bin ich noch wichtig? Werde ich mit meinen Bedürfnissen und Wünschen noch gesehen? Sind meine Ansprüche nach Nähe berechtigt?« Fragen wie diese verlangen, ernst genommen und nicht als undankbare Neidgefühle abgetan zu werden.

Da die beiden Elternteile jeweils auf eine unterschiedlich lange und intensive Beziehungserfahrung mit dem Kind zurückblicken, können sie diese Motive und Konflikte mehr oder weniger gut nachvollziehen. Das ist tröstend für das Kind, jedoch schwierig für die Paarbeziehung. Nicht selten ergeben sich hieraus Missverständnisse auf der Partnerebene und wechselnde Koalitionen, die den Zusammenhalt der Familie gefährden. Ohne ein Verständnis dieser psychodynamischen Prozesse können Lösungen nur schwer gefunden werden. Entsprechend benötigen »künstliche Familienbande«, wie Sichtermann und Leggewie (2003) es nennen, eine besondere Unterstützung und Reflexion: das theoretische Konzept der »sozialen Familie«. Das kann aber nur dann übernommen und umgesetzt werden, wenn es von allen Beteiligten emotional nachvollzogen und akzeptiert wird. Stiefkindadoptionen stellen immer noch den häufigsten Fall dar, »bei dem ein Kind genau weiß, wer die leibliche Mutter respektive der leibliche Vater ist, die oder der durch eine neue ›Bezugsperson‹ ersetzt, aber nicht aus dem Bewusstsein gedrängt wurde« (Sichtermann und Leggewie 2003, S. 259). Wenn möglich sollten die vom jeweils anderen Partner adoptierten Stiefkinder in beiden Herkunftsfamilien verankert bleiben. Diese Forderung ist nicht einfach umzusetzen. Sie verlangt Kooperation und Transparenz. Vor allem sollte sie nicht die Interessen der Kinder vergessen, wie das folgende Beispiel zeigt:

Petra bekommt Konkurrenz

Petra wuchs mit ihrer allein erziehenden Mutter bis zum Alter von fünf Jahren ohne Vater auf. In dieser Zeit entstand nach Angaben der Mutter eine ganz enge Beziehung, die sich unter anderem in massiver Trennungsangst der Tochter äußerte. So fiel es Petra schwer, im Kindergarten zu bleiben, zum Spielen mussten ihre Freundinnen zu ihr nach Hause kommen, und sie schlief gemeinsam mit der Mutter in einem Bett. Dieser symbiotische Zustand änderte sich abrupt, als ein neuer Partner in das Leben der Mutter trat. Dieser Mann wurde von Petra mit Misstrauen und Argwohn beäugt, obwohl sie sich rasch an ihn gewöhnte und sich andererseits auch freute, nun einen Vater zu haben. In dieser ersten gemeinsamen Zeit zu dritt gelang es allen Beteiligten, ein Gleichgewicht herzustellen, das von allen als zufrieden stellend erlebt wurde. Diese entspannte Situation wurde durch eine Schwangerschaft der Mutter nachhaltig gestört. Petra reagierte mit heftigem Unmut, Trotz und Rückzug. Inzwischen war sie sieben Jahre alt, besuchte die Schule und empfand ein Geschwister als heftige Konkurrenz. Dieses Gefühl verstärkte sich noch, als in ihren Augen die kleine Schwester von beiden Eltern mehr als verwöhnt wurde. Statt liebevoller Aufnahme zeigte Petra offen und vehement aggressive Impulse dem Neugeborenen gegenüber. Von ihrem Adoptivvater wurde das mit Unverständnis und strafender Zurückweisung beantwortet. Die wohlwollend unterstützende Mutter war bemüht, Petra die Akzeptanz der Schwester zu erleichtern. Doch letztlich war auch sie enttäuscht über die heftigen Reaktionen ihrer Ältesten. Petra begann, sich zu verweigern, und fügte sich nicht mehr in den familiären Rahmen ein. Die Konflikte und oppositionellen Verhaltensweisen häuften sich. Zunehmend nahm sie eine Außenseiterposition ein, fühlte sich isoliert und einsam.

Als sie zehn Jahre alt war, trennten sich die Eltern, für sie plötzlich und unvorhergesehen. Petra blieb bei ihrer Mutter und Stiefschwester, wobei sie sich selbst Vorwürfe machte, ob sie nicht durch ihr Verhalten zur Trennung der Eltern entscheidend beigetragen hatte. So nahm sie die Besuchskontakte zu ihrem Stiefvater aus Schuldgefühlen wahr und glaubte, ihn im Stich gelassen zu haben. Andererseits spürte sie seine Ablehnung und erlebte die Besuche bei ihm als unangenehm und belastend. Als die Mutter zwei Jahre später eine Beziehung zu einem neuen Partner einging, der ebenfalls zwei Kinder mit in die Familie brachte, geriet ihre inzwischen wieder stabilisierte Rolle in der Familie erneut ins Wanken. Nun, älter geworden, fragte sie sich sehr deutlich, wer eigentlich auf ihre Interessen, Wünsche und Ziele achtete und sie darin unterstützte. Petra hinterfragte die Beziehung zur Mutter und überprüfte deren Verlässlichkeit. Zwischen ihren »zwei Vätern« konnte sie sich nur schwer orientieren. Petra glaubte sich von allen Erwachsenen getäuscht und verlassen. Sie verweigerte sich allen Anforderungen, fiel in den Schulleistungen merklich ab, schloss sich einer älteren, sozial auffälligen Gruppe an, mit deren Normen sie sich identifizieren konnte. Die häufigen Beziehungswechsel und die Patchwork-Struktur ihrer Familie hatten sie verwirrt und orientierungslos werden lassen.

Kinder brauchen Familien. Dass sich deren Form und Funktion im Laufe der modernen Entwicklung verändert haben, ist als Tatsache nicht zu leugnen. An den Bedürfnissen von Kindern ändert das jedoch nichts. Aus ihrer Sicht müssen die veränderten Familienstrukturen kritisch gesehen werden. Kinder benötigen nach wie vor einen festen Rahmen, Bindungskonstanz und feste Strukturen, die ihnen Sicherheit und Geborgenheit vermitteln.

Richtig ist die Feststellung von Sichtermann und Leggewie (2003), dass die heutige Durchschnittsfamilie nur wenig mit dem Idealtyp gemein hat, den das Bürgertum erst im 19. Jahrhundert ausgedacht und enorm erhoben hat: »Weder ökonomisch noch emotional erfüllen Familienhaushalte die ihnen damals zugewiesenen Funktionen. Man kann nur begrüßen, dass die patriarchalische Starrheit, die manche Ehe hat scheitern lassen, einer flexibleren Beziehungsökonomie gewichen ist. Diese erlaubt dann leichter als früher eine Liebesbeziehung auf Zeit und ohne gemeinsame Kinder.« (2003, S. 188) Der Applaus, mit dem die Autoren diese Veränderung konstatieren, mag ideologisch passend sein. Den Bedürfnissen von Kindern wird er nicht gerecht.

Allzu oft sind unter dem Postulat erhöhter Flexibilität Freuden und Lasten ungleich verteilt. Allzu oft versteckt sich dahinter lediglich Beliebigkeit und ein für die beteiligten Kinder und Jugendlichen nur schwer nachvollziehbares Beziehungskarussell. Autonomie und Freiräume der Erwachsenen sind wichtig und gerechtfertigt. Wünsche und Hoffnungen der Kinder nach einer verlässlichen und festen Beziehungsstruktur sind es jedoch auch.

Letztlich sind die Wünsche nach Autonomie und Bindung, nach Freiraum und Zuverlässigkeit auf beiden Seiten, bei Kindern wie Erwachsenen, vorhanden. Die vermeintlichen Widersprüchlichkeiten in Einklang zu bringen, in ein Lebenskonzept zu integrieren, gehört zur so genannten Lebenskunst. Modellhaft schaut sich eine voyeuristische Öffentlichkeit das gerne bei bekannten Persönlichkeiten, bei den »Promis« an. Und sie tröstet sich mit deren Scheitern über eigenes Ungemach. Davon lebt die Boulevardpresse. Unter der schlammigen Ausbreitung von Intimitäten blitzt hin und wieder ein nachdenkenswerter Aspekt auf.

So war das beispielsweise im Sommer 2004. Die Boulevardpresse meldete eine neue Episode im »Rosenkrieg« der prominenten Fußballer Stefan Effenberg, seines ehemaligen Mannschaftskameraden Thomas Strunz und dessen von Effenberg ausgespannter Ehefrau. Effenberg zog mit Claudia Strunz und deren Kindern (fünf und drei Jahre alt) nach Florida. Nicht unweit ihres neuen Domizils wohnte –

ebenfalls in neuer Beziehung – auch Effenbergs Frau mit den Kindern aus gemeinsamen Jahren. 27 Monate schien das neue Glück gut zu gehen. Dann trennten sich Herr Effenberg und Frau Strunz und sagten die geplante Hochzeit ab. Der Grund: Effenberg war den Strunz-Kindern ein netter Stiefvater. Er überforderte sich jedoch damit. Das heißt, er hatte unterschätzt, wie sehr es ihn traf, dass er »fremden Kindern« nun den Papa gab, die Beziehung zu seinen eigenen jedoch nicht gestalten konnte. Was immer an einem Zitat aus der Klatschkolumne der BILD-Zeitung wahr sein mag, psychologisch ist die Aussage eines traurigen Vaters von exemplarischer Gültigkeit. Stefan Effenberg begründete den Ausstieg aus der neuen Beziehung so: »Es kam immer wieder das Problem auf, dass ich hier in Amerika mit Claudias Kindern leben musste. Und meine Kinder aber nur zeitweise sehen kann. Ich kam mit dieser Situation nicht klar.«[8] Freiheit und Autonomie scheinen das eine zu sein. Der Wunsch nach Bindung und Zuverlässigkeit das andere. Nicht nur bei Kindern!

Babyklappenkinder
Verlauf einer Inkognito-Adoption

Im Juli 1999 wurde im bayerischen Amberg die erste so genannte Babyklappe Deutschlands eingerichtet. Damit sollte eine Alternative zum anonymen, meist tödlichen Aussetzen Neugeborener geschaffen werden.[9] Anonym bleiben die Mütter weiterhin, doch sie wissen ihr Baby gut versorgt. Hinter einer sichtgeschützten Fensterklappe legen sie ihr Kind in ein Wärmebettchen. Kurz darauf – Zeit genug, sich unerkannt zu entfernen – wird in der Spezialeinrichtung ein akustisches Signal ausgelöst, woraufhin folgende professionelle Schritte unternommen werden: Die Mitarbeiterin, die das Kind vorfindet, ruft umgehend einen Notarzt. Das Kind wird in ein Kinderkrankenhaus gebracht, wo es untersucht, wenn nötig medizinisch versorgt und dann einige Tage beobachtet wird. Die folgenden acht Wochen lebt das Baby bei einer Pflegefamilie oder -person. Sollte sich die Mutter des Kindes innerhalb dieser Frist nicht melden, vermitteln Adoptions- und Pflegekinderdienste das Baby in eine Adoptivfamilie.

Die Vormundschaft für das Kind übt zunächst noch eine amtliche Mitarbeiterin aus. Nach einem Jahr entscheidet ein Familiengericht endgültig über die Adoption. Stimmt es zu, hat das adoptierte Kind anschließend denselben rechtlichen Status wie ein leibliches Kind. Babyklappen, auch »Moses-Fenster« oder ähnlich bezeichnend genannt, werden inzwischen an etwa über 50 Stellen in Deutschland vermutet. Im Kern wird überall nach dem oben beschriebenen Muster vorgegangen. Kritik an der anonymen Kindsabgabe wird vor allem von Seiten der Adoptiertenverbände und Kinderrechtsorganisationen laut. Sie fürchten, dass die ausgesetzten Kinder ein Leben lang darunter leiden, nichts über ihre Herkunft in Erfahrung bringen zu können.[10]

Die Kritik an der anonymen Kindsabgabe soll hier nicht weiter aufgegriffen werden. Vielmehr mögen sich Leserin und Leser anhand eines »Babyklappen-Falls« veranschaulichen, welche rechtlichen und emotionalen Konsequenzen die Adoption eines Kindes unbekannter Herkunft haben kann. Die folgende Reportage erschien am 22. März 2003 im Kölner Stadt-Anzeiger und wurde von der Autorin Susanne Issig für dieses Buch freundlicherweise zur Verfügung gestellt. Exemplarisch werden sowohl der Ablauf der Vorgänge als auch die Gefühlslage der Betreuenden beschrieben. In anderer Schrift eingeschoben sind auch die Mutmaßungen der Journalistin über die unbekannte Verursacherin des Geschehens: die leibliche Mutter dieses modernen Findelkindes.

Katharina und ihre vier Mütter

Vielleicht ging die Frau erst mehrmals an dem Haus vorbei, unentschlossen, ob sie das Baby wirklich dort abliefern sollte. Vielleicht ging sie an jenem dunklen, verregneten Wintermorgen vor anderthalb Jahren aber auch geradewegs auf den Verschlag zu, suchte gezielt das Fenster, durch das der Säugling, den sie erst wenige Stunden zuvor geboren hatte, in eine andere Welt entschwinden würde. In eine bessere Welt? Das jedenfalls muss sie gehofft haben, die namenlose Frau, die Mutter, von der man heute nur weiß, dass sie dem Neugeborenen eine sichere Zukunft geben wollte. Und es eben deshalb nicht behalten konnte.

Das Ding-Dong des Alarmgeräts holte Silvia Heimanns aus dem Schlaf, kurz bevor ohnehin ihr Wecker geklingelt hätte. Die Sozialarbeit-Studentin, die in dem Mutter-Kind-Heim »Haus Adelheid« des Sozialdienstes katholischer Frauen (SkF) in Köln[11] regelmäßig Nachtbereitschaften übernahm, schlüpfte in die bereitstehenden Filzpantoffeln und ging im Schlafanzug durch das morgendlich ruhige Haus hinunter ins Erdgeschoss. Dort hatte das Baby-Fenster an der äußersten Ecke des Gebäudes den Signalton ausgelöst.

Silvia Heimanns schaute aus dem Fenster: nass, kalt, dunkel. »Wahrscheinlich Fehlalarm«, dachte sie. Das war in den zurückliegenden Monaten schließlich häufig vorgekommen. Und außerdem: »Wer bringt schon bei diesem Wetter ein Baby hierher?« Durch ein seitliches Sichtfenster konnte sie einen Blick in das Kämmerchen mit dem Wärmebett werfen. Da lag tatsächlich etwas. Ein Tuch. Sie schaute genauer hin: Es war ein weißes Handtuch. Und darunter – tatsächlich – ein Baby. Silvia Heimanns atmete tief durch. Ging dann hinein in den Vorraum zum Baby-Fenster, starrte durch die Glasscheibe. Das Kind sah Silvia Heimanns ruhig an. Es schrie nicht.

Die junge Frau nahm das Kind auf den Arm, legte es auf die Wickelkommode. Es war ein Mädchen. »Es war winzig und nackt, offenbar ganz frisch geboren und hatte eine Mullbinde um den Bauch, die war am Nabel mit etwas verkrustetem Blut angeklebt«, erinnert sie sich. Silvia Heimanns wickelte das Kind in »sein« Handtuch, zusätzlich in ein größeres Badetuch und eine silbrige Warmhaltefolie. Dann griff sie zum Telefon und rief den Notarzt. Anschließend rief sie ihre Chefin zu Hause an: Eva Winkler-Jansen würde ohnehin bald zum Dienst erscheinen. Als sie hörte, dass ein Kind abgegeben worden war, versprach sie, sich zu beeilen. Doch zunächst war Silvia Heimanns noch allein mit der Kleinen. Sie griff zum Fotoapparat, der bereitlag, um in einer Situation wie dieser die Ankunft eines Kindes zu dokumentieren. Sie versuchte, ein Foto zu machen, indem sie den einen Arm so weit wie möglich ausstreckte, um das Kind auf ihrem anderen Arm abzulichten. Das Foto misslang, wie sich später herausstellte. Mit dem Baby auf dem Arm ging sie auf und ab, sprach leise mit ihm. Es würde Katharina heißen (Name geändert), das hatte das Baby-Fenster-Team vorab schon festgelegt. Seine Haare waren dunkel und für ein Neugeborenes recht lang. Auf der Haut befanden sich noch Reste dieser glitschigen Schmiere. »Es roch nach nichts und nach allem, es roch so, dass man es beschützen will.«

Es kann kaum mehr als zehn Minuten gedauert haben, bis Silvia Heimanns vor dem Haus das Blaulicht des Krankenwagens blinken sah. »Mir kam es ewig vor, ewig«, sagt sie. Erst stapften zwei Männer herein, dann erschien noch ein dritter, der Notarzt. Und dann traf auch die Leiterin des Hauses ein, Eva Winkler-Jansen. Zu fünft standen sie nun in dem kleinen Raum, wo Silvia Heimanns Baby Katharina auf den Wickeltisch gelegt hatte, damit alle es betrachten konnten. Nach einer kurzen, ersten Kontrolle trug der Arzt das Alufolien-Bündel davon, um es zum Kinderkrankenhaus Amsterdamer Straße zu bringen. Wie »unter Schock« blieb Silvia Heimanns zurück. Sie trug noch immer den Schlafanzug und an den Füßen die Filzpantoffeln.

Endlich, als sie sich angezogen hatte und im Büro ihrer Chefin alles genau erzählen wollte, fing sie an zu weinen: Weinte und weinte und weinte. Nach und nach trudelten die Kolleginnen ein. Auch sie wollten wissen, wie das war mit dem Baby, das an diesem verregneten Wintermorgen abgegeben worden war. Und jedes Mal, wenn sie davon erzählte, fing Silvia Heimans wieder an zu weinen. Nach anderthalb Stunden ging sie nach Hause. Sie weinte noch oft an diesem Tag. Und auch später jedes Mal, wenn sie über das Baby sprach. »Warum heule ich eigentlich ständig deswegen?«, fragte sie sich. Es war doch gar nichts Dramatisches passiert. Dem Kind ging es gut, es war gesund, es würde in gute Hände gegeben. Sie dachte an die Mutter des Babys: »Wenn ich so weinen muss wegen dieser Geschichte, wie mag es dann ihr erst ergehen?«

Im Rückblick glaubt die Finderin: »Wenn mir meine Chefin an jenem Morgen gesagt hätte: ›Du nimmst dieses Kind jetzt mit nach Hause und ziehst es groß‹, dann hätte ich ihr in dieser Situation nicht widersprochen.« Ein schutzloses Neugeborenes zu finden spreche wohl tief verwurzelte Urinstinkte an, vermutet sie. Der Vorfall hat sie jedenfalls so beschäftigt, dass sie beschloss, ihre Diplomarbeit über das Thema »Babyklappe« zu schreiben, die sie inzwischen abgeschlossen hat. Durch die Recherchen zu dieser Arbeit wurde ihr immer klarer, dass es den meisten Adoptierten irgendwann ein großes Bedürfnis ist, ihre leiblichen Eltern kennen zu lernen oder wenigstens möglichst viel über ihre Herkunft zu erfahren.

Silvia Heimanns rechnet also damit, dass irgendwann ein junges Mädchen namens Katharina auf sie zukommen wird, das in allen Einzelheiten von ihr wissen möchte, wie das damals war an jenem Novembermorgen, als sie ein Neugeborenes im Moses-Baby-Fenster vorfand. Alles, was vor diesem Moment mit Katharina geschehen ist, wird wahrscheinlich für immer im Dunkeln bleiben: Ihr Leben begann nachvollziehbar erst in dem Moment, als Silvia Heimanns sie unter dem weißen Handtuch entdeckte.

Die Frau mit dem Baby muss auf jeden Fall zwischen den Wellblech-Wänden hindurchgegangen sein, dann das Fenster geöffnet und das nackte, nur in ein Handtuch gehüllte Kind in das vorgewärmte und mit einem Lammfell ausgepolsterte Bettchen gelegt haben. Vielleicht hat sie ihr kleines Mädchen noch einen Moment auf dem Arm behalten, es noch einmal angesehen, ihm noch ein paar Abschiedsworte gesagt, bevor sie es ablegte und das Fenster wieder schloss. Vielleicht hat sie es aber auch rasch dort deponiert und sich dann gleich abgewandt. Ist hinausgeschritten in den dunklen, nassen Novembermorgen, davongeeilt in ihr Leben, in dem ein Baby keinen Platz hatte.

Katharina war vier Tage alt und schlief friedlich in ihrem Krankenhausbettchen, als Annemarie Weigel (Name geändert) sie zum ersten Mal sah. »Ob du dieses Kind lieb haben kannst?«, fragte sie sich. Es war ja ein völlig fremdes Baby. Doch die anfänglichen Zweifel verflogen schnell, nachdem das Kind aufgewacht war, sie anblinzelte und sich widerspruchslos auf den Arm nehmen ließ. Da spürte Annemarie Weigel: »Ja, das geht.«

Die folgenden acht Wochen war Annemarie Weigels Haus im Kölner Norden auch Katharinas Zuhause. Als so genannte Gastmutter versorgte die vitale 63-Jährige, die zwei erwachsene Kinder und mehrere Enkelkinder hat, das elternlose Mädchen. Der SkF gibt die

Kinder aus dem Moses-Baby-Fenster erst dann in eine Adoptiv-familie, wenn eine Frist von acht Wochen verstrichen ist. In dieser Zeit können sich die leiblichen Eltern des Kindes melden, falls sie das Kind zurückhaben möchten. Annemarie Weigel hatte sich weit im Vorfeld schon bereit erklärt, diese begrenzte Zeit für ein Findel-kind aus der Babyklappe da zu sein: »Ein Neugeborenes liebevoll willkommen zu heißen, das empfinde ich als wunderbare Auf-gabe.« In mehreren Gesprächen mit den SkF-Mitarbeiterinnen war sie »auf Herz und Nieren geprüft« und auf diese außergewöhnliche Aufgabe vorbereitet worden.

Katharina war das erste und bisher einzige Kind, das Annemarie Weigel aufnahm. »Sie war ein sehr ausgeglichenes Baby«, erinnert sie sich: Die Kleine schrie wenig, schlief viel, trank problemlos ihre Fläschchen. Untersuchungen im Krankenhaus hatten gezeigt, dass sie zwar zart (2900 Gramm, 48 Zentimeter), aber völlig gesund war, und auch, dass ihre Mutter in der Schwangerschaft weder Drogen noch Alkohol konsumiert hatte. »Ich kann mir nicht vorstellen, dass Katharina im Bauch ihrer Mutter eine turbulente oder aufgewühlte Zeit erlebt hat«, meint die Pflegeoma. »So ruhig und lieb wie dieses Baby war, würde mich das sehr wundern.«

Auch Annemarie Weigel musste oft an die Frau denken, deren Kind sie nun fütterte, wickelte und in den Schlaf wiegte. »Ich behüte dein Kind, es ist bei mir gut aufgehoben«, so habe sie in Gedan-ken oft mit der abwesenden Mutter gesprochen. Der kleinen Katha-rina erzählte sie immer wieder von ihr: »Nur du kennst deine Mama, ich nicht. Sie hat dich weggegeben, weil sie nicht für dich da sein kann. Das ist ihr bestimmt nicht leicht gefallen. Aber hab keine Angst, ich sorge jetzt für dich, und ich habe dich lieb.« Da habe Katharina regelrecht aufgehorcht und immer ganz aufmerk-sam zugehört. »Sie können sagen, ich spinne«, sagt Annemarie Weigel, »aber ich bin mir sicher, die Kleine wusste sowieso schon, dass sie von ihrer Mutter weggegeben worden war und jetzt von anderen Menschen ins Leben begleitet wurde.«

Die dunkelsten Wochen des Winters 2001/2002 teilte Annemarie Weigel mit Katharina. Sie stellte ihr Leben komplett auf die Bedürfnisse des Kindes ein, sagte viele Freizeit-Termine ab und zog sich von ihrem Ehrenamt bei der Telefonseelsorge zurück. Weihnachten feierte sie wie gewohnt mit ihren Kindern und Enkeln, nur war diesmal eben Katharina dabei. Familie und Freunde wussten, woher die jung gebliebene Rentnerin plötzlich ein neugeborenes Baby hatte. Aber Nachbarn oder entfernte Bekannte wunderten sich natürlich, wie sie von einem Tag auf den anderen an ein Kind gekommen war. Annemarie Weigel beantwortete neugierige Fragen freundlich, aber knapp. Sie habe halt jetzt ein Baby. Punkt. Katharina schien sich bei ihrer Pflegeoma sehr wohl zu fühlen. Sie wuchs und gedieh, Annemarie Weigels gesamte Familie hatte ihre Freude an ihr. »Sich dann wieder von dem Kind zu trennen, ist natürlich sehr schwer«, sagt die Gastmutter, »aber ich wusste ja von Anfang an, dass es nur auf Zeit sein würde.« Der Adoptions- und Pflegekinder-Dienst des SkF hatte inzwischen ein Elternpaar für Katharina ausgewählt. Annemarie Weigel hielt die Kleine auf dem Laufenden: »Bald kommen deine Mama und dein Papa, bei denen du dann leben wirst.«

Als Stefanie und Harald Schumann (Namen geändert) zum ersten Kennenlern-Besuch eintrafen, stellte sich bei Annemarie Weigel sehr bald das Gefühl ein, dass sie ihren Schützling diesen beiden Menschen ohne Bedenken anvertrauen konnte. »Es war, als wären sie meine erwachsenen Kinder«, beschreibt sie die Begegnung. Katharina reagierte auf das erste Treffen mit ihren zukünftigen Eltern sehr aufgeregt. »Sie weinte danach mehr als sonst und war ganz durcheinander«, erzählt die Gastmutter. Aber im Laufe der nächsten Woche, als die Schumanns täglich zu Besuch kamen, schien das Kind sich rasch an sie zu gewöhnen. Schließlich kam der Tag, an dem die Adoptiveltern Katharina mitnahmen. Annemarie Weigel versuchte einen Tag lang, sich durch Aktivismus vom Abschiedsschmerz abzulenken. Dann merkte sie, dass sie sich etwas vormachte. Im Gespräch mit einer Freundin weinte sie Katharina die ersten Tränen nach, später, allein zu Hause, liefen sie ihr stundenlang nur so übers Gesicht. »Dann hatte ich es halbwegs verwunden.« Drei lange Wochen wartete sie auf das nächste Lebenszeichen von Katharina, schließlich rief Stefanie Schumann an und verabredete ein Treffen. Inzwischen sieht Annemarie Wei- gel die Kleine regelmäßig in etwa dreimonatigen Abständen. Sie möchte den Kontakt gerne aufrechterhalten, auch weil sie glaubt, dass es für das Mädchen noch wichtig werden könnte, dass es auf ihre Erinnerungen an seine ersten Lebenswochen zurückgreifen kann.

Die zwei Monate mit dem Findelkind empfindet die heute 64-Jährige als große Bereicherung. Sie waren ihr Anlass, sich an die Zeit zu erinnern, als ihre eigenen Kinder noch klein waren: »Ich merkte, dass ich mich jetzt viel bewusster auf die Situation und auf das Baby einlassen konnte als damals und dass ich heute einiges ganz anders wahrnahm.« Annemarie Weigel hat die kleine Katharina sehr ins Herz geschlossen. »Sie ist ein wahrer Glücksbringer«, sagt sie strahlend über ihr Gastkind.

Vielleicht war es auch ganz anders: Nicht die Mutter brachte das Neugeborene zu dem Haus mit dem Baby-Fenster. Sie blieb erschöpft zurück an dem Ort, wo sie es ohne Hilfe einer Hebamme oder eines Arztes zur Welt gebracht hatte. Der Vater des Kindes wickelte es nur eben in ein Handtuch und brach dann allein auf. Oder der Mann, der dieses Kind gezeugt hat, war an all dem gar nicht beteiligt. Wusste womöglich gar nichts von diesem Baby. Vielleicht stand eine Freundin der Mutter während der Geburt bei, eine Schwester oder eine Nachbarin, die dann auch die Aufgabe übernahm, das Neugeborene im Baby-Fenster abzulegen. Denkbar wäre auch, dass die Mutter sich nicht freiwillig von ihrem Kind trennte. Womöglich nahm irgendjemand es ihr weg, weil er oder sie das Baby als Störfaktor empfand. Es ist auch nicht auszuschließen, dass Inzest, Missbrauch oder Prostitution eine Rolle spielten. Oder war die Mutter so jung, dass ihre eigenen Eltern meinten, sie vor einem Leben mit einem ungewollten Kind schützen zu müssen?

Eigentlich wollten Stefanie und Harald Schumann wenige Tage später in den Skiurlaub fahren, als Jutta Cerny, Sozialarbeiterin des SkF, bei ihnen anrief und von einer »möglichen Vermittlung eines Adoptivkinds« sprach. »Wir haben erst überhaupt nicht begriffen, was konkret hinter diesem Anruf steckte«, erzählt Harald Schumann. Dass Katharina schon zwei Wochen später bei ihnen leben würde – das konnten sie sich zu diesem Zeitpunkt nicht vorstellen.

Seit 1998 bereits waren Schumanns als Adoptivbewerber beim SkF registriert. Doch nach den üblichen Bewerber-Gesprächen verlief die Sache damals im Sande. Schumanns bauten erst einmal ein Haus und verloren die Angelegenheit ein wenig aus den Augen. Dann, im Sommer 2001, meldeten sie sich wieder beim SkF, um klarzustellen, dass sie nach wie vor an einer Adoption interessiert waren. Es folgten erneute Gespräche mit den Adoptionsvermittlerinnen, um die Eignung des kinderlosen Paares abzuklopfen.

Nachdem Jutta Cerny dem Ehepaar erzählt hatte, dass es sich bei dem Kind um ein sieben Wochen altes Mädchen aus dem Baby-Fenster handelte, besprachen sich die beiden noch am gleichen Abend mit ihren Eltern. Und am nächsten Tag sagten sie zu. Den Skiurlaub bliesen sie ab. Schon am nächsten Tag sahen sie zum ersten Mal das Baby, das ihr Kind werden sollte. Stefanie Schumann erinnert sich ganz genau an den Moment, als sie Katharina zum ersten Mal auf den Arm nahm: »Sie hat mich schon nach wenigen Momenten angelächelt.« Darüber war sie sehr froh.

Der erste Besuch bei Annemarie Weigel war wohl für alle Beteiligten höchst aufwühlend. »Als wir uns am nächsten Tag wiedersahen, stellten wir fest, dass keiner von uns in der Nacht geschlafen hatte«, erzählt Stefanie Schumann. Eine Woche lang waren Schumanns täglich bei der Gastmutter. Sie fuhren Katharina im Kinderwagen aus, was sich zunächst sehr komisch anfühlte, wie Harald Schumann berichtet, oder begleiteten die Gastmutter zu einem Kinderarzt-Termin. Sie ließen sich von Annemarie Weigel genau erklären, wie sie bisher mit der Kleinen umgegangen war, welche Gewohnheiten das Kind hatte, worauf sie achten sollten im Umgang mit ihm. An einem Mittwoch im Januar nahmen sie Katharina schließlich mit in ihr Haus im Rechtsrheinischen, das seither ihr gemeinsames Zuhause ist.

Von einem Tag auf den anderen gab Stefanie Schumann ihren Job auf. »Mein Vorgesetzter wusste zwar theoretisch, dass wir uns um ein Adoptivkind bemühten«, erzählt sie, »aber dass es dann so schnell gehen würde, konnte ja keiner ahnen.« Nun galt es auch, das gesamte Umfeld, Freunde, Bekannte und Nachbarn zu informieren, denn sie alle würden ja mitbekommen, dass Schumanns ohne vorherige Schwangerschaft plötzlich ein Kind hatten. Dass

Katharina adoptiert ist, wissen heute alle, die Schumanns näher kennen. Dass sie ein Kind aus der Babyklappe ist, das sagen sie dagegen niemandem. Nur die engste Familie weiß darüber Bescheid.

»Wir wollen Katharina schützen, deshalb sagen wir es nicht«, begründet Harald Schumann seine Haltung. Er hat die Erfahrung gemacht, dass die Menschen sich mit einer enormen voyeuristischen Neugier auf diese Information stürzen, das hat ihn abgestoßen. »Wenn Katharina älter ist, kann sie selbst entscheiden, wie viel und wem sie davon erzählen will«, meint er. Ihrer noch nicht ganz anderthalbjährigen Tochter dagegen haben Schumanns von Anfang an gesagt, dass sie ein adoptiertes Kind ist, dass sie eigentlich noch andere, aber nicht anwesende Eltern hat und dass sie im Baby-Fenster abgegeben worden war. Sie sind mit ihr schon zweimal in den Räumen des Moses-Baby-Fensters im Haus Adelheid gewesen, auch um Katharinas Finderin Silvia Heimanns kennen zu lernen.

Wie viel die Kleine von all dem versteht, ist schwer zu sagen. Schumanns jedenfalls sind überzeugt, dass größtmögliche Offenheit aus zwei Gründen der beste Weg ist: »Zum einen wächst Katharina von Anfang an in ihre besondere Situation hinein und wird nicht irgendwann mit einer bis dahin geheim gehaltenen Wahrheit konfrontiert. Zum anderen geht es auch darum, dass wir uns nicht verstellen müssen. Wir müssten uns ja ständig verbiegen, wenn wir ihr diese wichtige Sache verschweigen würden.« Zu dieser Strategie der Ehrlichkeit hatte den beiden auch Jutta Cerny vom SkF dringend geraten. Katharinas leibliche Eltern spielen eine große Rolle im Leben der Familie Schumann. »Besonders die Mutter geistert sehr viel in unseren Köpfen herum, jeden Tag«, berichtet die Adoptivmutter. Manchmal beschleicht sie die Angst, jene Unbekannte könnte sich doch noch melden und das Kind zurückfordern. Schon oft habe sie sich gewünscht, wenigstens ein Foto zu haben von der Mutter, besser von beiden Elternteilen, um sich eine Vorstellung machen zu können von den Menschen, deren Kind sie so lieb gewonnen hat. Jeden Abend beten die Schumanns mit Katharina für ihre »leibliche Mutter«. Dass jene namenlose Frau ihr Kind weggab, verurteilen sie keineswegs. »Sie hat sehr gewissenhaft gehandelt«, sagt Stefanie Schumann. Ein Kind in die Baby-klappe zu legen, sei schließlich allemal besser, als es auf irgend-einem Parkplatz auszusetzen. Schumanns hätten den Vornamen, den das Baby-Fenster-Team für ihre Kleine ausgewählt hatte, durchaus noch ändern können. Sie haben sich aber bewusst dafür entschieden,»ihr das bisschen Identität, das sie mitbrachte, zu las-sen«. Sie machen sich viele Gedanken über die Frage, ob Katha-rina es dereinst als»große Lücke für ihr ganzes Leben empfinden wird, ihre leiblichen Eltern nicht zu kennen«. Sie bewahren für sie das weiße Handtuch auf, das mit dem Kind ins Baby-Fenster gelegt wurde, dazu zwei Büchlein, die Finderin Silvia Heimanns und Gastmutter Annemarie Weigel für die Kleine gestaltet haben, damit sie in der Zukunft einmal die ersten bekannten Momente ihres Lebens nachvollziehen kann.

Niemand würde auf den ersten Blick vermuten, dass das goldige kleine Mädchen mit den dunkelblonden Haaren und den langen Wimpern nicht das eigene Kind des Ehepaares Schumann ist. Schon öfter bemerkten unwissende Menschen, das Kind sei ja ganz der Vater, erzählt Harald Schumann lächelnd. Die Kleine entwi-ckelt sich prächtig, sie lacht viel und wirkt völlig ausgeglichen. Laufen kann sie schon seit einiger Zeit, nun fängt sie auch an zu sprechen.»Mama« und»Papa« gehören längst zu ihrem Wort-schatz. Für sie ist es überhaupt keine Frage, wer damit gemeint ist.

Das Schicksal von »Findelkindern«

Die Reportage über diese moderne»Mosesgeschichte« lässt ahnen, wie der biografische Ausgangspunkt für spätere hochkomplizierte Beziehungen und Entwicklungen aussehen könnte, aus dem Schriftstellerinnen wie Margaret Forster Stoff für Romane *(Schat-tenkinder)* beziehen. Und die Reportage wirft Fragen auf. Wie wird sich Katharina weiterentwickeln? Chancen und Risiken für den weiteren Lebensweg des»Findelkindes« sind nur zu erahnen. Von vier»Müttern« ist zu lesen: die unbekannte biologische Mutter, die junge Mitarbeiterin aus dem Nachtdienst, die Pensionärin, die Pfle-gemutter und -oma zugleich wurde, schließlich die Adoptivmutter. Das Mädchen startet mit gleich mehreren möglichen zukünftigen

Schattenfamilien ins erste Lebensjahr. Generell sind das eher belastende Erziehungseinflüsse. Sie irritieren ein Kind beim Aufbau von frühen Bindungskonstanzen. Andererseits ist es beeindruckend zu hören, wie offen und affektkontrolliert die beteiligten Erwachsenen ihre Rollen gestalten. Vor allem verbieten sie sich einen eifersüchtigen Wettkampf nach dem Motto »Wer ist die bessere Mutter?«. Sollten sie ihre guten, disziplinierten Vorsätze halten, wird sich dieses Kind eines Tages nicht in der neurotischen Enge eines geschlossenen Familiensystems wiederfinden müssen. Darin liegen auch die Chancen eines solchen Schicksals.

Deutlich wird auch die Plötzlichkeit, mit der Adoptiveltern zu ihrem Kind kommen können. Eine biologische Schwangerschaft fehlt als Vorlaufzeit nicht nur den neuen Eltern. Auch Freunde, Verwandte und nicht zuletzt Kollegen und Arbeitgeber werden überrumpelt. Zugleich gibt es rührende Bemühungen um Ersatzgesten. Die Unvermitteltheit und Traditionslosigkeit dieses Kindes animiert zu Alternativritualen. Das aufbewahrte Badetuch, in dem es in der Klappe vorgefunden wurde, erhält den Status einer Familienreliquie. Merkmal von Reliquien ist, dass sie als Teil für das Ganze stehen können. Vielleicht wird das Badetuch für Katharina eines Tages mehr als nur ein textiler Gegenstand sein. Um ihn können die Gedanken an die leibliche Mutter kreisen. Ganz ohne Schuldgefühl, die Ersatzeltern damit womöglich zu kränken. Denn sie waren es, die dieses Stück Mama hüteten und ihr gönnen können.

II. Chancen und Risiken der Adoption

Warum tun wir das?
Adoption als Wiedergutmachungswunsch

Gründe, ein fremdes Kind als eigenes anzunehmen, gibt es viele. Während manche Eltern ihre Entscheidung humanitär-ethisch begründen, haben andere eher ein religiöses oder politisches Anliegen. Es gibt Paare, die wünschen ihrem einzigen leiblichen Kind einen Spielgefährten, andere ersehnen ein Ende ihrer bisherigen Kinderlosigkeit. Letztgenannter Grund war übrigens bis zur Neufassung der §§ 1741 ff. BGB im Jahre 1977 Bedingung für eine Adoption. Wie auch immer der Wunsch begründet wird, ob mit sozialem Engagement oder mit Nächstenliebe, stets schwingen auch Wünsche aus der eigenen Biografie mit. Adoptionen können ja nicht erzwungen werden. Sie haben für die beteiligten Erwachsenen immer auch eine Sinn stiftende Dimension. Das ist legitim. Wenn man so will, liegt in der Sinnerfüllung der unmaterielle Gegenwert für die Mühen, die ein Adoptivelternpaar freiwillig auf sich nimmt. Einen anderen Gegenwert kann es auch nicht geben, sieht das Gesetz doch allein im »Kindeswohl« das einzig zulässige Kriterium für den »Ausspruch der Adoption« und stellt diesen in den Rang eines standesamtlich zu beurkundenden Hoheitsaktes.
Nun zeigen Lebenserfahrung und geschichtliche Beispiele, dass hinter mancher sozialen Tat eine egoistische Absicht stecken kann. Nächstenliebe relativiert sich in ihrer Uneigennützigkeit, wenn dabei die Berechtigungskarte auf einen »Platz im Himmel« herausspringen soll. Das soll hier ebenso wenig gewertet werden wie die anderen zahlreichen Motive, derentwegen Paare ein Kind adoptieren. Halten wir lediglich fest, dass es auch eine seelische Kosten-Nutzen-Rechnung gibt, und anerkennen wir, dass deren Bedeutung für Sozialerhalt und Kulturaufbau nicht zu unterschätzen sind. Wichtiger als dies moralisch zu bewerten ist es, um die Existenz solcher unsichtbaren Mechanismen zu wissen.
Wenn die Auflage des Gesetzes, wenn das »Kindeswohl« erfüllt ist, dann ist viel erreicht. Das zählt. Motive sind dann zweitrangig. Den

Paaren sei jedoch vergönnt, sich der verschiedenen Facetten bewusst zu sein, die bei einer so gravierenden Lebensentscheidung mitschwingen. Hineinwirken tun sie ohnehin, ob bewusst oder nicht. Je mehr Eltern darüber wissen, desto mehr schützen sie sich und ihr Kind davor, dass die heimlichen Motive mächtig werden, sich verselbstständigen und möglicherweise in eine völlig unerwünschte Richtung laufen.

Bewältigungsversuch eines Traumas

Vielleicht hätte Frau D. es entspannter genießen können, wie schön sich ihr Mario entwickelte, wenn sie sich über die Motive klarer gewesen wäre, warum sie sich bei der Adoptionswahl ausgerechnet für dieses mehrfach behinderte Heimkind entschieden hatte. Die leiblichen Töchter sind schon fünf und acht Jahre alt, als die Eheleute D. sich für ein drittes, ein adoptiertes Kind entscheiden, wobei es Frau D. ist, die diese Entscheidung forciert. Ihr Mann ist – ebenso wie die Töchter – keineswegs für ein weiteres Kind. Ihm »wird das alles zu viel«. Doch er spürt, dass der häusliche Stress noch größer würde, stellte er sich dem Wunsch seiner Frau entgegen. Als »Kompromiss« kann er für sich aushandeln, dass es dann »ein Junge« sein soll. Das Paar entscheidet sich für den zweieinhalbjährigen Mario. Nur wenige Wochen hatte das »Sechsmonatskind« bei seinen jungen, psychisch kranken und völlig überforderten leiblichen Eltern verbracht. Auf Initiative der Nachbarn hatten die Behörden dieses offenbar unterversorgte, misshandelte und »nur schreiende Kind« in die Obhut eines Kinderheims gegeben. Dort wurde mit medizinischer Basisversorgung den gröbsten Folgen der vielfachen Schädigungen entgegengewirkt. Unter anderem wurden cerebrale Bewegungsstörungen (spastische Diplegie) und eine starke Sehbehinderung festgestellt. Eine erhebliche geistige Beeinträchtigung wird ebenfalls vermutet. Als Mario mit zweieinhalb Jahren zu Familie D. kommt, kann er weder sprechen noch laufen.

Frau D. sagte später, sie habe gewusst, was nun auf sie zukam. Das habe sie zur »Hochform« auflaufen lassen. Pausenlos ist sie nun für Mario tätig. Sie sucht die besten Krankengymnastinnen und

Logopäden auf. Fahrwege spielen keine Rolle. Tatsächlich erreicht Mario Erfolge, die gemessen an der Ausgangslage als sensationell gelten. Er nimmt Sprachkontakt auf, er artikuliert im Laufe der Zeit deutlich, und mit Hilfen kann er auch – zwar schleppend und hinkend – gehen. Die Familienmitglieder freuen sich darüber, auch die Töchter, die den behinderten Bruder inzwischen angenommen haben, und auch der Vater, wenngleich er die Entwicklung nur distanziert beobachtend verfolgt. Als noch eine Sonderschule gefunden wird, die für ihr besonders engagiertes Förderkonzept bekannt ist, ist Mario »aus dem Gröbsten erst mal raus«. Eigentlich könnte bei Familie D. Gelassenheit einkehren.

Doch Mutter D. kommt nicht zur Ruhe. Sie wirbelt weiter. Unermüdlich sucht sie neue Lernprogramme, engagiert sich in der Schulpflegschaft, zeigt sich dort recht anspruchsvoll. Sie erkundigt sich nach Reit-, Musik- und Maltherapie für den Jungen. In Marios Pubertät soll es wegen Schlafstörungen und mangelhafter sexueller Steuerung auch noch Psychotherapie sein. Schon im tiefenpsychologisch geführten Erstgespräch wird deutlich, dass die Probleme des Jungen nur der Anlass sind, etwas in der Familie zu bewegen. Vor allem gibt der Vater Hinweise über die Zeit vor Mario, was die Mutter zur Warnung veranlasst, dass dieses Thema hier gefälligst nichts zu suchen habe.

Das Eis bricht, als die Mutter in einer der ersten Therapiestunden eingestehen kann, dass Marios Behandlungsbedürftigkeit für sie eine große Kränkung bedeute. Zwar hatte gerade sie heftig auf einen Therapieplatz hingearbeitet, doch die Annahme des Behandlungsauftrags durch den Therapeuten mache ihr Versagensgefühle. Als das einmal ausgesprochen ist, findet Frau D. Vertrauen in die therapeutische Situation. Das Ehepaar öffnet sich, und es kommt heraus, was hier abgekürzt wiedergegeben werden soll: Kurz vor Marios Adoption war das dritte Kind der Eheleute gestorben. Es wurde nur zwei Jahre alt. Als erstem Sohn hatten sie ihm Vaters Vornamen gegeben. Doch in die Rolle des »Stammhalters« sollte dieses Kind nie kommen. Denn es kam schwerst geschädigt zur Welt. Da es mit einer »furchtbaren Perspektive« hätte weiterleben müssen, sei es eine Erlösung gewesen, dass »der liebe Gott es so früh zu sich holte«. Diese Formulierung kommt der Mutter recht geübt über die Lippen. Doch dahinter ragt ein Berg von Trauer heraus. Sie ist gewohnt, dass die so wohl klingende Floskel nicht hinterfragt wird. Als der Therapeut es riskiert, bricht sie in Tränen aus. Nun schildern beide Elternteile, wie sie die Schwere der Behinderung ihres Sohnes als Ohnmacht erlebten. Sie sahen seine Qualen und ihre eigene Perspektivlosigkeit. Ja, zuletzt hätten sie ihm den Tod wirklich als Erlösung gewünscht. Gleichzeitig erschraken sie über die Grausamkeit ihres Gedankens, fühlten sich für ihre Fantasien schuldig: »So darf man doch nicht denken!« Kurz nach der Beisetzung hörten sie von den Vermittlungsbemühungen des Kinderheims. Mario zählte zu den Kindern, für die eine Pflegefamilie gesucht wurde. Das löste bei der Mutter Aktivitäten aus. Für ein eigenes Kind war sie, erst recht nach der jüngsten Erfahrung, zu alt. Doch ein Kind annehmen, das sollte den wirtschaftlich abgesicherten Eheleuten möglich sein. Das lenkte ab. Verständlich. Doch die D.s brachten sich damit um die Chance einer Trauerarbeit. Um diese weiter zu vermeiden, durfte es nicht zum Stillstand kommen. Mario kam da in seiner schweren Förder- und Zuwendungsbedürftigkeit gerade zur rechten Zeit.

Sehnsüchte aus der eigenen Biografie

Konstellationen wie die geschilderte sind – dies lässt sich in vielen Kapiteln wiederholt feststellen – nicht auf Adoptivfamilien beschränkt. Elterliche Projektionen gibt es selbstverständlich auch in leiblichen Kindschaftsverhältnissen. Das Risiko bei einem Adoptionsverhältnis liegt darin, dass Eltern sich das Kind »aussuchen« können. Gegenüber der eher schicksalhaften Annahme eines selbst ausgetragenen Kindes haben Eltern bei einer Adoptionsentscheidung Gelegenheit zur Auswahl. Hier sollen nicht die billigen Klischees vom »Katalog-Kind« bemüht werden. (Seriöse Instanzen schieben solch egomanischem Missbrauch inzwischen Riegel vor.) Es geht vielmehr um die Möglichkeit der Bedienung unbewusster Erwartungen. Die wird immer dann möglich sein, wenn sie im Gewand besonderer Fürsorge daherkommt. Eltern können an einem Fixpunkt der eigenen Biografie haften, so wie Frau D. am nicht verarbeiteten Tod ihres dritten Kindes. Solch unbewältigte traumatische Erlebnisse verlocken Menschen dazu, diese immer wieder neu in kaschierter Form zu re-inszenieren, in der Hoffnung, sie irgendwann einmal zu bewältigen. Dieser Mechanismus der Motive ist tückisch. Wenn er nicht bewusst ist, verstärkt er das neurotische Muster, anstatt es aufzulösen. In bester Absicht und vermeintlicher Autonomie entscheiden sich Menschen dann für Konstellationen, in die sie sich erneut verstricken. Es ist wie ein Wiederholungszwang.

Was hätte Marios Mutter machen sollen, wenn sie ihr Adoptionsmotiv erkannt hätte? Hätte sie Mario wieder »zurückgeben« sollen? Müssen pädagogische und psychologische Fachbegleiter nicht sogar verhindern, dass Eltern »vom Baum der Erkenntnis essen«? Birgt Bewusstmachung nicht das große Risiko, das mühsam gefundene Gleichgewicht im schwierigen Prozess der Adoption zu kippen? Nein! Es geht nicht darum, die einmal getroffene Entscheidung rückgängig zu machen. Da gelten auch für Adoptiveltern die Gesetze einer Geburt: Das Kind ist da, zurückgeben geht nicht. Zum einen aus Schutz für das Kind. Zum anderen aber würde mit einer tatsächlichen »Rückgabe« das Schuldgefühl der Eltern langfristig nur umso größer. Erkenntnisse über die eigenen, bislang unbewussten Motive müssen nicht zum Abbruch dessen führen, was aus ihnen heraus einmal entschieden wurde. Sie bieten aber die Chance, die Ziele noch einmal neu abzustecken. Mutter D. konnte in der Tat während der langfristigen psychotherapeutischen Begleitung den Zusammenhang zwischen dem Tod ihres Sohnes und der Entscheidung für Mario erkennen. Der Sohn wurde davon nicht wieder lebendig. Aber sie konnte das Entsetzen über ihre abgewehrten Tötungsfantasien relativieren. Sie konnte sich damit aussöhnen und sich sagen, dass sie diese, falls sie sich damit je vor einer moralischen Instanz schuldig gemacht hätte, mit ihrem Einsatz für Mario auch gesühnt hatte.

Nach vielen Jahren konnte sich Frau D. zunehmend über Marios Fortschritte freuen. Es war ihr eine Hilfe, dass sie nicht nur in der Therapie zu hören bekam, wie viel Erfolg dem Jungen dank ihres Einsatzes doch vergönnt war. Nun hörte sie solche Anerkennung auch aus dem Bekanntenkreis. Vor allem auch von ihren Töchtern. Die waren inzwischen erwachsen und fassten beruflich Fuß. Ein

mühsamer Prozess allerdings stand den mittlerweile alt gewordenen Eltern noch bevor: sich als Ehepaar wieder neu zu entdecken.
Der Vater hatte sich in den Jahren, als seine Frau nur für das behinderte Kind da war, in die Nische diverser Hobbys zurückgezogen.
Doch die D.s erhielten die Chance zu einer Neubegegnung. Mario
war nämlich als junger Volljähriger bereit, eine geschützte berufliche Ausbildungsmaßnahme außerhalb seines Wohnorts zu beginnen. Die neue Autonomie gefiel ihm so gut, dass er sich anschließend um eine Aufnahme in der betreuten Wohnanlage seiner
Behindertenwerkstatt bewarb. Mutter D., die diesen Schritt Jahre
zuvor noch als den Konkurs ihrer Erziehungsbemühungen gefürchtet hatte, konnte das nun gut zulassen. Vater und Mutter kämpften
sogar gemeinsam bei den Behörden um das Gelingen dieser Maß-
nahme. Nun konnte Frau D. einen Loslösungsprozess unterstützen,
ohne sich schuldig zu fühlen. Das zu erleben war schön.

Wiedergutmachungswünsche sind oft irrational. Mitunter sind sie
auch abstrakt. Also nicht wie im Fall von Familie D., wo sie an
konkreten biografischen Ereignissen festgemacht werden konnten.
Manche Menschen empfinden Schuldgefühle sehr allgemein, ohne
dass sie in einer persönlichen, konkreten Lebenssituation begründet wären. Mit einer aufopferungsvollen Tat möchten sie diese
abgelten. Das kann religiös motiviert sein oder auch politisch-ideo-
logisch. Etwa, wenn der eigene Wohlstand angesichts der Armut
anderer Menschen oder Regionen schuldbesetzt erlebt wird. Dann
kann im Einsatz für andere eine empfundene Bringschuld abgetra-
gen werden. Das sind – wie gesagt – allesamt keine Motive, die
hier zu werten wären. Hier sollte nur darauf hingewiesen werden,
dass es hilfreich ist, wenn ihre Dynamik erkannt wird. Das schützt
vor möglicher Enttäuschung und Selbstüberforderung. Und es
ermöglicht dem Empfänger, in unserem Fall also dem adoptierten
Kind, »die gute Tat« unbelasteter anzunehmen.

Alles für unser Kind
Was Adoptiveltern sich und anderen abverlangen

Manche Adoptiveltern – so sie als solche bekannt sind – werden vom Lehrpersonal der Schulen gefürchtet. Nicht, dass sie unengagiert wären oder sich der Schulgemeinschaft verweigerten. Im Gegenteil. Sie sind Mitglied im Förderverein, übernehmen Ämter in der Pflegschaft, sie begleiten Klassen auf Ausflügen, backen Kuchen fürs Schulfest. Adoptiveltern sind oft sehr engagiert. So sehr, dass sie anstrengend werden. Ihre pädagogische Messlatte liegt außergewöhnlich hoch. Verständlich. Wer sich vor Augen hält, was sie an unbezahlten Mühen auf sich nehmen, der wird verstehen, wenn sie von bezahlten Erziehern eine pädagogische Gegenleistung erwarten.

Es ist kein billiges Vorrechnen, wenn Erziehern und Schulpädagogen bzw. den gesellschaftlich Verantwortlichen überhaupt gelegentlich bewusst gemacht wird, was Adoptiveltern leisten – und der Solidargemeinschaft an Kosten sparen. Freiwillig. Für ein »fremdes Kind«! Wie könnte der Alltag, wie das Freizeitverhalten eines bislang kinderlosen, gut situierten Paares ohne das angenommene Kind aussehen? Wie anders könnten sie Urlaub machen. Und wenn ein Nachkömmling adoptiert wird, mögen so manche Nachbarn tuscheln: »Da haben sie die Ältesten aus dem Gröbsten raus und binden sich mit so einem Würmchen wieder fest.« Ist Kinderaufzucht schon immer ein mühsames Unterfangen, so ist es das Einlassen auf ein Kind ganz anderer Herkunft, vielfach mit einer schwierigen Vergangenheit, erst recht. Da mag noch so sehr die Freude über den »neuen Sonnenschein im Haus« betont werden, mindestens genauso stehen auch Arbeit und Entbehrung an.

Die Aufopferungsbereitschaft ist noch mehr gefordert, wenn ein Kind mit Behinderung oder schwerster Deprivation in die Familie kommt. Man halte sich nur den Horror ehemaliger rumänischer Kinderheime vor Augen, um zu ahnen, unter welch unglaublicher Vernachlässigung und Verletzung manche Kinder aufwuchsen. Wobei »Rumänien« auch in der eigenen Nachbarschaft liegen kann. Familie G. hatte sich eines Jungen aus dem hiesigen städtischen Kinderheim angenommen. Er war seiner – bald darauf verstorben – alkoholkranken Mutter nach schwerster Verwahrlosung entzogen worden und sollte nun in eine Familie vermittelt werden. Gerade mal 16 kg wog der 114 cm große Achtjährige, als seine zukünftigen Adoptiveltern ihn kennen lernten. Sprachverhalten und Sprachverständnis entsprachen noch nicht einmal dem eines Kindergartenkindes. Mit Operationen an Herz, Augen und Ohren hatte das Kinderheim erst einmal mögliche Korrekturen an den bislang unbehandelten Folgen der schweren Alkohohlembryopathie veranlasst.

Frau G. schildert in Tagebuchaufzeichnungen die ungeheuren diffusen Ängste des Kindes und seine konkrete Furcht, wieder zurückgegeben zu werden. Sie beschreibt auch die Anstrengungen, die sie und ihr Mann aufbringen, um dem Jungen Sicherheit und Geborgenheit zu vermitteln:»Wenn er ins Bett geht, hält er sich wach, indem er turnt, laut singt und in die Hände klatscht. Zum Schluss kommen Weinen, Beinschmerzen, Bauchschmerzen. Er will nicht, dass ich das Zimmer verlasse. Das Ganze geht bis 23.30 Uhr. Wir sind alle sehr müde. Nur er nicht.« So geht das über Wochen und Monate, bei voller Berufstätigkeit des Vaters und manchem Murren der älteren, leiblichen Söhne. Die G.s halten durch – und haben Erfolg. Der Junge nimmt deutlich an Gewicht zu, er wächst, und vor allem spricht er besser. Aus den dysgrammatischen Dreiwortsätzen werden nun dialogfähige Gesprächsbeiträge.

Freude und Tücke der Anfangserfolge

Mit dem Erfolg kommt die Tücke. Vernachlässigte Kinder der beschriebenen Art holen im bergenden und fördernden Milieu ihrer neuen Familien zunächst schnell Entwicklungsrückstände auf. Für die Eltern ist das eine enorm wichtige Bestätigung:»Wir machen es richtig!« Ohne solch kräftige Verstärker wären ihre Entbehrungen auch nicht lange durchzuhalten. Nun wissen sie: Die Mühen lohnen. Gemessen am »Ausgangspunkt 0« verläuft die Entwicklung geradezu rasant. Eine regelrechte Förder-Euphorie stellt sich ein. Das ist die Tücke. Sie liegt im Gefühl »alles ist möglich, wenn sich alle nur kräftig anstrengen«. Der anfangs sich bestätigende

Machbarkeitsglaube verleitet dazu, die Grenzen der Nachentwicklung zu übersehen, ja, Grenzen gar nicht wahrhaben zu wollen. Die Entwicklungslinie deprivierter Kinder erreicht durch Fördermaßnahmen deutlich höhere Werte auf der Skala. Diese steigt jedoch nicht unbegrenzt linear weiter. Sie erreicht bestimmte Entwicklungsplateaus und verharrt dort erst einmal. Werden die bislang unentwickelten Ressourcen aktiviert, holt das Kind Entwicklungsrückstände sichtbar auf. Damit ist das schlummernde Vorratspotenzial womöglich erst einmal erschöpft. Jetzt gilt es zu schauen, welche weiteren Ressourcen noch vorhanden sind. Das kann mitunter sehr ernüchternd sein.

Für Familie G. kam es ernüchternd. Ihr Kind hatte inzwischen Sprache, Umgangsregeln und grobe Zeiteinteilungen erlernt, doch in der Schule kam es auf keinen grünen Zweig. Verständlich, dass nun die Fördererwartungen auf der Lehrerin ruhten. Packt sie den Jungen richtig an, hat sie die richtigen Lehrmethoden? Zu Hause ging es doch. Was hatte der Junge nicht alles in der kurzen Zeit gelernt! Und dann kam der Keulenschlag. »Geistig behindert soll unser Kind sein? Das müssen wir uns nicht sagen lassen. Wir haben es doch erlebt, wie viel Potenzial in dem Jungen steckt! Das will aber qualifiziert geweckt und gefördert werden!«

Probleme zwischen Adoptiveltern und Schule

Die Eheleute G. waren keine Querulanten. Sie blieben mit der Schule im Dialog. Doch die Zusammenarbeit zwischen beiden stand mit dem Diagnoseverdacht »geistige Behinderung« vor einem Bruch. Eine schmerzhafte Strecke lag vor ihnen. Es sollte einige Monate brauchen, ehe die Eltern bereit waren anzuerkennen, was Testergebnisse bestätigten, nämlich dass die intellektuellen Kapazitäten ihres Kindes tatsächlich grenzwertig zwischen lern- und geistig behindert lagen. Für die Lehrerin war es nicht einfach, mit ihrer Leistungseinschätzung herauszurücken. Sie spürte das Misstrauen der Eltern, fühlte sich entwertet und stellte sich schließlich selber in Frage, ob sie für den Jungen genug getan hatte. Sie holte sich Unterstützung von den Diagnostikern des Schulpsychologischen Dienstes. Die bestätigten ihre Leistungseinschätzung.

Die Eltern zweifelten auch das an und suchten Spezialkliniken auf. Doch auch von dort kam keine Revision des bislang Festgestellten. Im Gegenteil. Allerdings waren die dort erfolgenden differenzierten Erläuterungen und Aussagen zu Untertests den Eltern hilfreich. Sie fanden ihren Sohn geschildert als »freundlich-zugewandt, aufgeschlossen sowie engagiert und um gute Leistungen bemüht«.

Nun focussierte sich nicht alles auf die Zahl der IQ-Wertung, die wie ein Urteil über der Zukunft schwebte. Doch es bedurfte vieler begleitender Gespräche und aufwändiger Erklärungshilfen, bis die Eltern dafür offen wurden, ihren Sohn im Datenmaterial wiederzuerkennen. Vor allem folgende Formulierungen des Testberichts konnten sie auf eigene Erfahrungen mit ihm übertragen: »Bei der Bearbeitung der einzelnen Untertests zeigt sich, dass ihm eine differenzierte Formerfassung kaum möglich ist. Auffällig war, dass er bei vorhergehenden, einfacheren Aufgaben sehr wenig lernt und nicht in der Lage ist, die dabei gemachten Erfahrungen auf folgende, schwierigere Aufgaben zu übertragen. Er zeigt sich nur auf einem grob-ganzheitlichen Wahrnehmungsniveau funktionsfähig.« Im Weiteren ist die Rede vom fehlenden verbalen Aufgabenverständnis bei seriellen Aufgabenbestandteilen, von mangelnder Flexibilität und von einer Lesefähigkeit, deren Leistungsgrenze »bei auch nur minimal zunehmender semantischer Komplexität erreicht ist«.

Die Aussagen sind für die Eltern nicht erfreulich, jedoch nachvollziehbar. Allmählich können sie die Diagnose einer »mittelgradigen, in sich weitgehend homogenen geistigen Behinderung« akzeptieren. Sie können das umso leichter, als alle Berichte die »offenkundig außerordentlich günstige Förderung der letzten Jahre« unterstreichen und gleichzeitig den »Schwerpunkt eines praktischen Bildungsaspekts« empfehlen sowie vor »einer Überforderung des Jungen in jedem Falle« warnen. Diese Formulierungen sind Brücken, über die die Eltern gehen können. Sie helfen ihnen auch, sich mit der Schule auszusöhnen. Beide Seiten können – zwischenzeitlich war das gefährdet – Partner bleiben. In der Akzeptanz der Begrenztheit leisten beide sogar ein Stück Bewältigungs-, ja Trauerarbeit über das schwere Schicksal des »gemeinsamen« Kindes. Damit ist viel erreicht, wenn man bedenkt, wie leicht ent-

gleiste Dialoge zwischen Schule und Elternhaus in Rechtsstreitig-
keiten münden können.

Realismus und Utopie – beides ist nötig

Eigentlich klingt der Rat, der Familie G. hätte gegeben werden
können, ganz einfach: Hört auf die Fachleute. Vor allem: Seid nicht
so ehrgeizig! Doch das wäre zu kurz gedacht. Wer weiß, ob die G.s
das Abenteuer Adoption mit einer weniger ehrgeizigen Haltung
überhaupt gewagt und durchgehalten hätten. Um einem dermaßen
belasteten Kind zu helfen, braucht es auch Utopie. Der Glaube an
schlummernde Kapazitäten im Kind, der Wille, diese zu fördern
und das Unmögliche zu versuchen, sind in der Tat manchmal die
einzigen Chancen, auf die Kinder mit einer vergleichbaren Vorgeschichte hoffen können. Nicht immer ist das erfolgreich. Wenn
es aber gelingt, dann mit dem »Glauben an ein Wunder«. Kraft aus
dem Irrationalen zu holen ist nicht verwerflich. Für Sportler steht
das oft am Beginn ihres Erfolgs. Das ist der Punkt, an dem Eltern
und Berufserzieher sich unterscheiden, sich unterscheiden dürfen.
Beim Glauben an das Unmögliche endet in der Regel der Einsatz
bezahlter Pädagogen, Psychologen, Ärzte.
Im Fall von Familie G. klingt es nach einem Dilemma. Beide schie-
nen Recht zu haben, die Fachleute und die Eltern. Mit einer solchen Konstellation kann man leben, wenn sie als Dilemma erkannt
wird. Das gelingt, wenn beide Seiten sich vor Verbohrtheit und
Rechthaberei hüten. Fachleute sollten elterliche Intuition und Hin-
gabebereitschaft schätzen, sie als Kraftquelle utopischen Wollens
keinesfalls ignorieren. Eltern hingegen könnten die Sachlichkeit
und neutrale Kompetenz der Fremderzieher als Korrektiv der eigenen Ansprüche und manchmal auch Atemlosigkeit erleben.
Engagierte Eltern neigen dazu, eine unliebsame Diagnose zu
bekämpfen, indem sie den Diagnostiker bekämpfen, so wie man
früher den Überbringer einer schlechten Nachricht umbrachte.
Dabei verkünden auch Diagnostiker lieber positive Prognosen. Sie
wollen dem Kind nichts. Ebenso wollen – außer den schwarzen
Schafen der Zunft – Lehrerinnen und Lehrer sich nicht das
(Berufs-)Leben leicht machen, indem sie nach einem Alibi suchen

und die Feststellung schlechter Leistungskapazitäten missbrauchen, um sich von der Mühe eines intensiven Förderplans zu befreien. Auch fremde Erzieher wollen das Kind unterstützen. Aber nicht um jeden Preis. Vor allem nicht um den überhohen Preis, den zu zahlen die Eltern sich entschieden haben. Und so verhaken sich immer wieder die Sichtweisen der Beteiligten.

Wichtig ist es, die unterschiedlichen Grade von Beteiligtsein zu erkennen und zu kommunizieren. Das gilt grundsätzlich für jeden Dialog zwischen Schule und Eltern. Doch bei Adoptivverhältnissen können weitergehende, subtile Erwartungshaltungen und Ansprüchlichkeiten mitschwingen. Außer den üblichen Eifersüchteleien um Einfluss und Bedeutung beim Kind, die es zwischen Lehrpersonen und Eltern immer gibt, kann es um noch ganz andere Dimensionen gehen. Die auszusprechen verbietet sich in der Realität. Doch über sie – zumindest als Fantasie – nachzudenken kann lohnen, wenn es nicht bei primitiven Zuschreibungen stehen bleiben soll. Zu den unaussprechlichen Gefühlen gehörte in einem Fall beispielsweise die Wut einer Mutter, die wegen der Heftigkeit der Adoptionsprobleme ihren Lehrerinnenberuf aufgab und nun zu erleben glaubte, wie locker – und für gutes Geld! – die Lehrerin ihres Kindes sich des Problems mit dem Abschieben auf eine Sonderschule entledigen wollte. Umgekehrt fühlte sich die Lehrerin von dieser Mutter wie von einer Schulrätin beobachtet und kontrolliert. Dagegen wehrte sie sich mit dem Entschluss, nicht alles so auf die Förderung dieses schwierigen Kindes abzustellen, wie es dessen Eltern taten. Trotzig sagte sie: »Was die zu Hause sich und den Geschwistern antun, werde ich meiner Klasse und mir nicht zumuten!«

Solche Konstellationen gehören in therapeutischen Prozessen oder Supervisionen angesprochen. Im Eltern/Schule-Dialog sind sie unaussprechlich, aber sie sind da. Die Tücke ist, dass beide Seiten, wenn die Situation festgefahren ist, sich hinter objektiven Befunden und Tests verstecken. Man beruft sich auf Atteste und Leistungsnachweise und holt im Extremfall Rechtsgutachten ein. Egal, wer letztlich Recht bekommt – das Kind wird der Verlierer sein.

Mitunter ist es sinnvoll, Dritte von außen als Berater hinzuzuziehen. Ein Diagnostiker, der von Berufs wegen leidenschaftslose

Neutralität zu pflegen hat, ist eine Hilfe. Und er ist ein Geschenk des Himmels, wenn er die Ergebnisse differenziert und vor allem warmherzig zu vermitteln versteht. Von außen kommende Berater könnten den Blick auch auf die positiven Seiten der »bösen Fantasien« lenken. Die Berufserzieher könnten würdigen, wie segensreich eine so große Opferbereitschaft von Eltern sein kann. Und die Adoptiveltern könnten in ihrem Fördereifer den Gedanken zulassen, wie entspannend es ist, wenn man sich abgrenzen kann. »Man darf«, wie eine Mutter mal scherzte, »auch mal auf ein Opfer verzichten.«

Schuldgefühl und Wiedergutmachung
Wenn Adoptivkinder früh eigene Kinder wollen

Kerstin dreht den Spieß um

Die Eheleute H. verstehen die Welt nicht mehr: Kerstin ist weg! Ihre liebe, folgsame Tochter, 15 Jahre alt, ist plötzlich verschwunden. Weder hatte sie einen Unfall noch wurde sie entführt. Nein, sie wollte gehen. Von sich aus! In den bangen Abendstunden, als ihre Rückkehr längst überfällig war, meldet sie sich über Mobiltelefon bei den Eltern. Sie sollen sich keine Sorgen machen, ihr gehe es gut. Sie sei bei Freunden untergebracht. Bitte keine Fragen. Dann drückt sie das Gespräch weg. Da solle und könne man erst einmal wenig machen, meinen die Beamten von der Polizei. Sie habe ja ein Lebenszeichen von sich gegeben, und Jugendliche, die sich so melden, kämen erfahrungsgemäß in absehbarer Zeit auch wieder zurück. Tatsächlich: Nach vier Nächten schließt Kerstin die elterliche Wohnungstür auf und tut so, als sei nichts gewesen. Bitte keine Fragen.
Natürlich sind Kerstins Eltern in höchstem Maße besorgt. Nicht im Traum hätten sie sich dieses Verhalten ihrer Tochter vorgestellt. Zwar zeigte sie seit Pubertätseintritt einige Eigentümlichkeiten und war wegen Zwangshandlungen in psychotherapeutischer Behandlung. Doch gehorcht habe sie stets. Noch vor einem Vierteljahr hätten sie sich über Kerstins »kindliches Gemüt« gewundert. Doch

seit sie einen Freund, den fünfzehnjährigen Till, habe, sei sie wie ausgewechselt. Den beherrsche sie despotisch. Unglaublich, was der sich von ihr alles gefallen lasse. Umgekehrt will der sie jede freie Minute bei sich haben, und Kerstin lasse sich dann von nichts aufhalten. Kaum sei sie aus der Schule, treffe sie sich mit ihm. Hole er sie dort ab, kämen beide bis abends erst gar nicht nach Hause. Till gefiel den Eltern überhaupt nicht. Die Schule schien er abgebrochen zu haben. Bei seiner behinderten, allein erziehenden Mutter hatte er das Sagen. Grenzen gab es dort anscheinend nicht. Mit Kampfstiefeln, Bomberjacke und Glatze hatte der bullige Junge eindeutige Merkmale. Aber ein Skinhead sei er nicht, betonte er, als Kerstins Lehrer mit ihm Gespräche führten. Die wurden notwendig, als die beiden Jugendlichen ihr Flirten allzu unbekümmert aufs Schulgelände verlagerten und Till nun schon vor der Klassenzimmertüre auf seine Freundin warten wollte. In der Tat konnte Till einen sehr harmlosen Eindruck machen. Politisch ideologisch war bei ihm überhaupt nichts festzumachen. Schnell entlarvte er sich als unbedarfter Kindskopf. Man hätte ihn als harmlos ansehen können, wären da nicht die bedrohlichen Eifersuchtsbekenntnisse gewesen: »Den mache ich platt, der sich an meine Kerstin heranwagt!« Statur und Körpernarben ließen keinen Zweifel daran, dass er das umzusetzen bereit war. Kerstin himmelte Till an, wenn er so sprach. Und mit der Gelassenheit eines Kampfhundbesitzers bekräftigte sie seine Gutmütigkeit: »Der beißt nicht, der will nur spielen.« Manchmal demonstrierte sie das, indem sie ihm neckisch Befehle erteilte (»Du wartest gefälligst vor dem Schultor!«) und es genoss, wenn er dümmlich lächelnd Gehorsam versprach.

Die Eltern waren überrascht und recht hilflos, als Kerstin den Kommandoton plötzlich auch zu Hause einführte. Was sie wollte, musste umgesetzt werden. Sofort. Die Eltern waren vor allem deshalb so konsterniert, weil sie diesen Verhaltenszug an ihrer Tochter überhaupt nicht kannten. Kerstin war bislang ein zurückhaltendes, sich dankbar zeigendes Kind gewesen, das eher wegen Unsicherheitsgefühlen und unspezifischer Ängste Sorgen gemacht hatte. Mit ihrer Adoption könne das doch alles nichts zu tun haben, meinen die Eltern. Damit habe es noch nie Probleme gegeben. Das Mädchen wisse davon, »aber damit hat es sich auch«. Wieso sollte die Adoption jetzt eine Rolle spielen, wo sie bislang doch nie ein Problem zu Hause gewesen war? Immerhin habe man das Mädchen schon als sechs Tage alten Säugling bekommen. »Die kennt es doch gar nicht anders, als dass sie immer bei uns war.« Die leibliche Mutter habe sich mit 21 Jahren seinerzeit überfordert gefühlt, vom osteuropäischen Vater ist nichts bekannt. Drei Jahre zuvor hatte Familie H. ein erstes Mädchen adoptiert. Die war jetzt 18 und stand kurz vor der Entbindung eines Kindes.

Episoden wie mit Till wiederholten sich bei Kerstin noch einige Male mit anderen, ähnlich strukturierten Freunden. Doch nun kam eine neue Dimension hinzu. Nach dem ersten Kind ihrer Schwester bekundete Kerstin ihren Freunden immer drängender den Wunsch: »Ich will ein Kind!«

Natürlich können Eltern etwas falsch gemacht haben, wenn eine Entwicklung wie bei Kerstin eintritt. Das gilt es wahrzunehmen und ggf. zu korrigieren. Wir wollen an dieser Stelle hingegen Kerstin und ihre Familie nicht als »Fall« beleuchten, sondern auf ein allgemeines Phänomen der Adoptionskonstellation hinweisen. Das kann ohne elterliches Zutun oder Versäumnis eintreten und Geschehnisse wie in Familie H. begünstigen. Es gibt nämlich eine für Adoptivkinder typische Art der – mal bewussten, mal unbewussten – Selbstreflexion. Diese dreht sich um die Empfindungen von Kränkung und Dankbarkeit.

Kränkungen streben nach Wiedergutmachung

Adoptiert zu sein beinhaltet für ein Kind zwei konträre Lebenserfahrungen: abgegeben und aufgenommen worden zu sein. Es gibt tausendfache Möglichkeiten, mit solchen Erfahrungen intuitiv oder bewusst umzugehen, und selbstverständlich wird dies von charakterlichen, bildungsmäßigen, wirtschaftlichen und/oder ideologischen Konstellationen in den abgebenden und aufnehmenden Familien beeinflusst. Doch betrachten wir hier – ganz ohne Wertung – typische Reaktionen auf die Pole Abgegebenwerden und Aufgenommenwerden.

Kränkungen verlangen nach Wiedergutmachung. Sie wollen ausgeglichen oder ungeschehen gemacht werden. Das Ich will sich

71

narzisstisch rehabilitieren. Das kann es unter anderem, indem es »den Spieß umdreht«. Statt Opfer wird es Handelnder, statt passiv zu dulden, greift es aktiv ein. Das einst ohnmächtige Kind erlebt sich nun als mächtig. Mit der Geschlechtsreife sind die biologischen Voraussetzungen da, um nicht länger Kind, sondern bestimmender Elternteil zu werden. Mädchen wie Kerstin und ihre Schwester sind nun im Alter, in dem ihre leibliche Mutter erstmals schwanger wurde. Als neue Generation können sie zeigen, wie es anders geht. Sie werden – davon sind sie überzeugt – ihr Kind nicht abgeben. Das kann zum einen ein trotziger Akt gegenüber den leiblichen Eltern sein. Das kann zum anderen aber auch als ein Akt nachträglicher Rehabilitation verstanden werden: »Mama, du hast es damals so schwer gehabt. Dir hat man so übel mitgespielt, dass du gar nicht anders konntest, als mich abzugeben. Ich werde denen nun zeigen, wie du es sicherlich besser gemacht hättest, wenn man dir die Chance dazu gegeben hätte.« So ungefähr klingen die Fantasien. Wobei mit »denen« sowohl diffuse gesellschaftliche Konstellationen gemeint sein können als auch ganz konkret der sich verdrückende Kindesvater. Kerstin macht sich mit der demonstrativen Beherrschung Tills – und nachfolgender Freunde – vor, dass ihr ein besseres Schicksal winkt.[12]

Die eigenen Eltern in ihrer damaligen materiellen, sozialen oder moralischen Unzulänglichkeit zu entschuldigen ist eine Möglichkeit, die Kränkung, weggegeben worden zu sein, auszuhalten. Eine andere ist das genaue Gegenteil. Die leiblichen Eltern werden nachträglich beschimpft oder gar verächtlich ignoriert. Beide Reaktionen sind bei Adoptivkindern, besonders im Jugendlichenalter, ernst zu nehmen. Denn sie tun es nicht nur für oder gegen die Eltern, sie tun es vor allem für sich selbst. Beide Reaktionen sind Ausdruck eines Abwehrverhaltens. Es gilt, ein Gefühl abzuwehren, das noch unerträglicher wäre als weggegeben worden zu sein: nicht liebenswert zu sein. Das käme einer Vernichtung gleich. Wie kann man ein Neugeborenes nicht lieben? Wie kann man ein »süßes Baby«, dessentwegen die härtesten Leute weich werden, wie kann man so ein schutzbedürftiges Würmchen nicht annehmen? Es sei denn, es ist ein Ungeheuer. »War ich ein Ungeheuer? Was hatte ich an mir, dass man es mit mir nicht mal hat versuchen können?« Mit solchen Fantasien kann der Lebensstart belastet sein. Bevor eine reife, bewusste Auseinandersetzung mit dem Thema möglich ist, entlasten sich Kinder sowohl mit der Beschimpfung als auch mit der Entschuldigung der leiblichen Eltern und deren Zeitumstände. Letztlich möchten sie damit auch sich selbst ein Stück narzisstisch rehabilitieren und die Kränkung, weggegeben worden zu sein, möglichst ausradieren. Nicht selten suchen Mädchen dabei Autonomie in einer Schwangerschaft.

Prominente Beispiele

Der Wunsch, mit einem eigenen Kind die Rollen von passiv und aktiv zu vertauschen, ist nicht auf Adoptivkinder beschränkt. Allgemein ist er vermehrt und früh dort anzutreffen, wo Kinder sich als Opfer, als Spielball mächtigerer Umstände fühlen. (Auch als Objekt verwöhnender Willkür leiblicher Eltern kann ein Kind sich ohnmächtig fühlen.) Häufig ist er bei jugendlichen Heimbewohnern zu hören. Typisch ist es auch, die Kränkung, weggegeben worden zu sein, später mit einem helfenden Beruf kompensieren zu wollen. In diesem Motiv muss nichts Verwerfliches liegen, im Gegenteil. Es ist die Chance, das Lebenstrauma in gesellschaftlich anerkannter Weise zu bewältigen. Inwieweit das sozial dienlich wird oder neurotische Züge trägt, wird vom Grad der bewussten Verarbeitung – und vielen nicht planbaren Lebensumständen – abhängen.

In zahlreichen Biografien ist von Reaktionen auf frühe Kränkungen zu lesen. Was den Wechsel von aktiv nach passiv, gelegentlich auch den »Opfer-Täter-Tausch«, anbelangt, befindet sich Kerstin in prominenter Gesellschaft. Die französische Sängerin Edith Piaf (1915–1963) wuchs als Kind vagabundierender Kneipensänger bei wechselnden Bezugspersonen im Straßen- und Bordellmilieu auf. In ihren Lebenserinnerungen schreibt sie:

»Ich habe das Geld aus dem Fenster geschmissen. Warum? Weil es mir Spaß machte, verschwenderisch zu sein. Und aus Rache. Ich rächte mich dafür, dass ich als Kind auf der Straße schlafen musste. An den Abenden meines Triumphes schüttle ich mich vor Lachen. Weil ich dann an meine Jugend denke. Ich habe den Eindruck, ein Schicksal, das meinige, besiegt zu haben, ein Schicksal, das mich auf der untersten Stufe der sozialen Leiter in die Welt setzte, dort, wo sie noch tief im Schmutz steckt, dort, wo man die Hoffnung nicht kennt« (Piaf 1966, S. 75).

Wenige Zeilen weiter schreibt sie über ihre erste Beziehung mit dem siebzehnjährigen Laufburschen Louis Dupont: »Ich war fünfzehneinhalb, als ich mich mit P'tit Louis davonmachte. Ich wollte leben« (S. 76). Und als sie mit siebzehn schwanger war: »Wir waren glücklich wie Kinder, ein Kind zu haben. Nur besaßen wir leider keinen Centime« (S. 77).

Auch die farbige Tänzerin Josephine Baker (1906–1975) flüchtete in die Pseudoautonomie einer frühen Ehe. Mit dreizehn Jahren heiratete sie das erste Mal, mit fünfzehn das zweite Mal. Später wurde sie bestbezahlter Pariser Revuestar. Die begeisterte Öffentlichkeit »adoptierte« sie gleichsam als ihr Lieblingskind – wie es Prominenten oft widerfährt. Nun gelang es ihr, vielleicht forciert durch die eigene Kinderlosigkeit, die frühen Kränkungen nicht nur in »Racheakten«, sondern in politisch ambitionierten Hilfsaktionen umzusetzen. Gegen Ende ihrer vierten Ehe startete sie 1954 ein Adoptionsprojekt: die »Werkstatt der Brüderlichkeit«. Sie adoptierte aus verschiedenen Nationen zwölf Kinder, mit denen sie als »Regenbogenfamilie« auf einem Schloss in der Dordogne lebte. Als angesehene Künstlerin rehabilitierte sie mit dieser sozialen Tat auch die Kränkungen der eigenen Kindheit. Josephine Baker wuchs als uneheliches Kind einer Waschfrau und eines Wandermusikanten in ärmlichsten Verhältnissen auf und wurde schon mit acht Jahren als Dienstmädchen in einen Haushalt gegeben.

Gutes will zurückgegeben werden

Dankbarkeit ist das andere Motiv, das hinter dem frühen Verselbstständigungs- und Kinderwunsch von Adoptivkindern stecken kann. Mag das zunächst wie ein Widerspruch zur oben beschriebenen Kompensation erlittener Kränkung klingen, zeigt das Beispiel Josephine Baker, dass durchaus beide Impulse einwirken können. So war es auch bei Kerstin. Sie hatte ja gespürt, dass sie in einer gutherzigen, fördernden Familie Aufnahme gefunden hatte. Frau H. hatte ihren Beruf als Krankenschwester wegen der Adoptivtöchter über Jahre aufgegeben – ein Opfer, das ihr persönlich nicht leicht fiel und das im Familienbudget auch Lücken hinterließ. Doch den H.s war es das wert. So fürsorglich wollte Kerstin später auch einmal zu anderen sein. In der Klassengemeinschaft war sie als eine Art »Mutter Theresa« recht beliebt. Vor allem ihre eigenen Kinder sollten es bei ihr einmal richtig gut haben. Ihre drei Jahre ältere Schwester konnte diesen Impuls schon ausleben. Sie erwartete gerade ein Kind, und Kerstin sah, wie gerne Frau H. daran Anteil nahm. Die Aussicht, Oma zu werden, schien sie zu freuen.

Ein unspezifisches Gefühl, Dankbarkeit oder gar Schuld abtragen zu müssen, befällt besonders Kinder, die in der Erziehungsarbeit ihrer Eltern ein Opfer sehen. Es kann sich außer durch Adoptionen durch verschiedene Lebensereignsse einstellen. Das können Fluchterlebnisse sein, bei denen Eltern ihr Kind unter Gefahren durchbrachten, das kann auch die Flucht mit der Mutter vor einem wütenden Vater in diverse Frauenhäuser sein. Und der Diebstahl von 100 Mark in Erich Kästners Geschichte *Emil und die Detektive* wird ja erst dadurch zum Drama, dass Emils Mutter sie für ihren Jungen in mühevoller Heimarbeit verdient hatte. So etwas kann nur mit einer »Heldentat« abgegolten werden. In einem Kinderbuch lässt sich daraus leicht ein Happy End stricken. Im wahren Leben besteht die Gefahr, dass der junge Mensch nicht die rechte Dosis kennt und sein Wiedergutmachungsakt neue Probleme aufreißt. Gedrängt demonstriert er dann zur falschen Zeit am falschen Ort oder falschen Objekt Autonomie und Kompetenz. Wenn solche Zusammenhänge nicht bewusst sind, können sie genau die Zustände provozieren, die vermieden werden sollten. Mütter müssen dann mitunter die Fürsorge für die Enkel mit übernehmen, Väter die Schulden ihrer erwachsenen Söhne bezahlen.

Es ist alles andere als verwerflich, wenn Kinder empfangene Liebe und Fürsorge an andere weitergeben wollen. Hier sollte jedoch problematisiert werden, wenn Loslösungs- und Autonomieschritte in die falsche Richtung gehen. Statt Autonomie droht die nächste

Abhängigkeit, anfangs kaschiert durch die liebevolle Betriebsamkeit um das viel zu früh bekommene eigene Baby. Welch konstruktive Kraft das Motiv Dankbarkeit aber auch annehmen kann, wenn
es mit Reife und Kompetenz einhergeht, zeigen wiederum prominente Beispiele: Albert Schweitzer ist nur einer von vielen so
genannten Wohltätern der Menschheit, deren Engagement im
Abtragen von Dankbarkeitsgefühlen begründet liegt. Im Fall des
»Urwalddoktors« war es gar ein irrationales Schuldgefühl. Sein
Aufwachsen als privilegiertes Pfarrerskind unter den Spielkameraden seines Dorfes hatte der sensible Albert stets als unverdient und
belastend empfunden.

Rollenspiele als Probebühne

Es gibt Möglichkeiten, um einer Entwicklung wie bei Kerstin vorzubeugen: spielen, spielen, spielen. Vor allem Rollenspiele. Kinder
im Kindergarten- und frühen Schulalter spielen unendlich viele
Rollen und Lebenslagen durch. »Ich wär' jetzt mal der und der. Du
wärst mal der Soundso.« Immer wieder neu können Kinder Rollen
annehmen, abgeben, wechseln. Solche »Als-ob-Spiele« ermöglichen etwas, das es im realen Leben nicht gibt: Man darf mal auf
Probe leben. Im Rollenspiel dürfen wir uns in andere hineinversetzen, so aussehen wie sie, so handeln wie sie, ohne dass wir in der
Realität dafür geradestehen müssen. Empathisch werden wir spüren, wie das so ist als anderer, in seinen Kleidern, mit seiner Sprache, mit seiner Kompetenz, vielleicht auch mit seinem Geschlecht.
Ein typisches Genre sind »Vater-Mutter-Kind-Spiele«. Hier nehmen Kinder nicht nur verschiedene Rollen ein, hier inszenieren sie
auch Lebenssituationen, die sie kennen. Oder die sie nicht kennen,
aber wünschen – oder fürchten. Hier werden dann Weggehen und
Wiederkommen, Abgeben und Annehmen als Möglichkeiten des
Lebens durchgespielt.
Es ließ sich nicht eruieren, wie es bei Kerstin war. Nachvollziehbar ist aber allgemein, dass solche Spiele eine besondere Brisanz
bekommen können, wenn sie zu dicht an die Wirklichkeit heran-
kommen. »Der Vater wär' jetzt tot und du würdest jetzt…« –
solche Spielszenen verlieren ihre Unbekümmertheit, wenn der

Vater tatsächlich zuvor verstarb. Dann wird es zu nah. Mitunter halten das zuschauende Erwachsene schlecht aus. Doch kindliche Rollenspiele vertragen keine Zensur. Auch nicht solche der subtilen Art, etwa wenn das Kind spürt, dass die Eltern bei einem bestimmten Thema immer traurig werden. Es kann für ein Adoptivkind sehr entlastend sein, wenn es traumatische Erlebnisse aus seiner leiblichen Familie im Spiel reinszeniert. Mit all den Heftigkeiten und womöglich verbalen Scheußlichkeiten, die es als Erinnerungsinseln in sich trägt. Es wird solche Spiele aber sein lassen, wenn es spürt, dass die neuen Eltern darüber bekümmert sind. Und sie sind es deswegen, weil sie die Szenen als Beweis ihrer bisher schwachen gegensteuernden Einflussnahme sehen.

Wenn Kinder belastete Lebensszenen als Spielinhalte ausblenden, berauben sie sich einer Chance. Das wird aber erst viel später spürbar. Lange Zeit kann es nämlich sein, dass sich eine Verdrängungsdecke – sei es durch äußere oder innere Zensur – so lückenlos über die Probleminhalte legt, dass die Beteiligten an deren perfekte Bewältigung glauben. Die Tücke liegt in den Sollbruchstellen der Entwicklung. Die Pubertät ist eine solche. Da genügt ein winziger Riss in der Staumauer, und die Dämme brechen. Dann wird nicht mehr auf Probe gespielt. Dann werden die Themen ganz real inszeniert. Dann spielen Jugendliche wie Kerstin und Till nicht mehr »Vater-Mutter-Kind«. Dann bleiben zwei Fünfzehnjährige tagelang aus und wünschen sich ein Kind.

Die Anpassungsfalle
Felix, der hoch begabte Dummling

Es gibt Schüler, die können Lehrerkollegien spalten. Felix war so einer. »Der soll gut begabt sein? Dass ich nicht lache! Nicht mal zwei plus zwei kann der zusammenzählen«, echauffierte sich der Mathematikkollege und holte dabei aus zum Rundumschlag gegen unfähige Psychologen, die Felix einen IQ-Wert von über 120 bescheinigt hatten. »Ich erlebe ihn bei mir in Erdkunde als sehr wach«, entgegnete eine Kollegin. »Er denkt mit, hat gerade ein tolles Referat abgeliefert.« »Felix und ein geschliffenes Referat?«, wandte die Deutschlehrerin ironisch ein, »das muss ihm ein anderer geschrieben haben. Bei mir gab er neulich statt einer Textinterpretation ein weißes Blatt ab.«

Felix polarisierte. »Prinz Valium«, spotteten die einen über seine Langsamkeit, meinten damit aber eher Begriffsstutzigkeit und Affektlosigkeit. Als »tickende Zeitbombe« beschrieben ihn die anderen und meinten damit seine emotionale Unberechenbarkeit. Starrhalsig, rechthaberisch und penetrant konnte er auch sein. Und mancher Kollege wusste von Felix' Gefühlsausbrüchen in den Pausen zu klagen, die das Aufsichtführen zum Stress werden ließen.

Der 15-jährige Felix war schon diversen Fachleuten vorgestellt worden, bevor er die Jugendpsychiatrie aufsuchte und in die Klasse 9 der dortigen Klinikschule wechselte. Schulpsychologische Dienste, Institute, Praxen, niedergelassene Therapeuten, Sozialarbeiter, Vertrauenslehrer und viele andere aus Schule, Ämtern, Klinik hatten sich bereits mit ihm beschäftigt. Aussagen über seine Intelligenz reichten von gut begabt bis lernbehindert. In einer Praxis wurde mit einem einschlägigen Intelligenztest (HAWIK-R) ein IQ von 80 festgestellt. Drei Jahre später testete eine Psychologin im gleichen Verfahren IQ 125. In dieser Spannbreite (der mittlere Wert in diesem Test liegt bei 100) fanden sich auch die im Lehrerzimmer eingeworfenen Einschätzungen über Felix. Die Kluft, die jeweils zwischen ihnen lag, und die Entschiedenheit, mit der jeder Pädagoge seine Beurteilung vortrug, hätten in der Tat das Zeug gehabt, ein Kollegium zu spalten oder bestimmte Berufssparten – etwa Psychologen – zu entwerten. Die Wahrnehmungssicherheit selbst erfahrener Kollegen geriet bei diesem Jungen ins Wanken.

Felix' Lehrerinnen und Lehrer erkannten, dass jeder von ihnen mit seiner unterschiedlichen Einschätzung Recht hatte. Mal konnte der Schüler simpelste Rechenaufgaben nicht lösen, mal gingen ihm Formeln und Rechenoperationen nur so von der Hand. Mal wirkte er geradezu debil, mal bestätigte er den getesteten hohen IQ-Wert. Beide Eindrücke waren zutreffend. Einig war sich das Kollegium darüber, dass Felix ein durchweg höflicher Schüler war. Er grüßte die Lehrer, hielt ihnen die Türe auf, wenn er sie mit Material beladen über den Flur kommen sah. Er tat das weder schleimig noch berechnend, hinterließ aber gleichwohl einen Beigeschmack von

Unterwürfigkeit. Die Vokabel vom angepassten bis überangepassten Verhalten durchzog bereits sein Zeugnis der ersten Klasse. Wie erklären sich solche auseinander klaffenden Eindrücke von der Leistungsfähigkeit eines Schülers wie Felix? Nun, der Junge hatte kein »Brett vorm Kopf«, sondern eins »vor der Seele«. Felix war ein Adoptivkind. Seine Energien wandte er vorrangig für Anpassungsleistungen auf. Nicht dass sie ihm ausdrücklich von jemandem abverlangt worden wären, weder von den Lehrern noch von den Adoptiveltern. Dennoch waren seine Lebenstechniken und Kommunikationsstrategien hochgradig auf Anpassung ausgerichtet. Bevor Felix sich mit einer Aufgabe sachlogisch auseinander setzen konnte, galt seine Aufmerksamkeit der Person, die die Aufgabe gestellt hatte. »Was will dieser Mensch von mir hören?« Diese Frage war für Felix viel bedeutsamer als die Frage nach einer sachgerechten Lösung der Aufgabe. Er gehörte zu den Kindern, die beim Test durch ein Augenbrauenzucken des Untersuchers aus dem Konzept geraten können. Natürlich wissen sie, dass 2×2 vier ergibt. »Doch wenn der Tester so komisch guckt, will der bestimmt was anderes von mir hören«, so mögen die irritierten Gedanken lauten. Letztlich kommen dann falsche Ergebnisse heraus – oder auch schon mal gar keine. Und wenn dennoch »vier« als Ergebnis genannt wird, dann muss das noch immer nicht von Sicherheit zeugen. Oftmals gehen die Kinder Umwege. 2×2 war erst einmal $20 : 5$ oder $8 - 4$, bevor es schlicht »vier« sein durfte. Alles nicht falsch, aber unerhört energieverschwendend und zeitraubend. Für kreative Prozesse bleibt nicht viel übrig. Größere Ziele können nicht wahrgenommen werden. Die Kinder kleben an Zwischenlösungen. Es fehlt ihnen der Überblick. Auch fehlen Biss und Aggressivität, ohne die man letztlich keine Problemstellungen lösen kann, auch nicht in der Mathematik.

Anpassung als Überlebensstrategie

Viele Adoptivkinder sind Gefangene ihrer Anpassung. Sie muss ihnen nie wirklich mit Worten abverlangt worden sein. Scheinbar wollen sie sie leisten. Sie müssen sie leisten. Das trägt durchaus zwanghafte Züge. Doch so lästig und blockierend, so geist- und kreativitätstötend ihr Anpassungsstreben im Schülerdasein ist, so lebenswichtig war es einmal – bei Felix das volle Vorschulalter über. Er kam erst über den Umweg Oma, Pflegefamilie und Kinderheim mit zwei Jahren zu seinen Adoptiveltern. Sechs weitere Jahre sollte es noch dauern, bis die Adoption juristisch besiegelt war.

Auch wenn alle Bezugspersonen sich dem kleinen Felix liebevoll zugewandt haben mögen, wird er enorme Anpassungsleistungen vollbracht haben. Die sind an sich nichts Schlechtes. Sie sind für das Hineinwachsen in eine Gesellschaft, in eine Familie sogar lebensnotwendig. Der Unterschied liegt darin, dass Kinder in konstanten, verlässlichen Beziehungen sich auf der Basis von Vertrauen anpassen lernen. Kinder mit früh wechselnden und unverbindlichen Beziehungserfahrungen hingegen passen sich mehr aus strategischen Gründen an. Was bei den einen im Idealfalle seliges Hingeben und Hineinwachsen ist, wird den anderen zum taktischen Kampf. Nichts gilt ihnen als selbstverständlich, nichts ist sicher.

In konstanten Frühbeziehungen lösen sich für das Baby unangenehme Spannungen ohne großes eigenes Dazutun auf. Hungergefühle etwa. Der unangenehme Reiz wird verspürt, das Kind weint, schreit oder macht sich sonst wie bemerkbar. Es sammelt Erfahrungen, was es machen muss, damit andere Abhilfe schaffen. Es speichert die Sinneseindrücke, die der Spannungslösung unmittelbar vorausgehen: die Schritte der Eltern, deren Stimme und Geruch, deren Art, das Kind aufzunehmen, ihm Brust oder Flasche zu reichen. Viele Wiederholungen der Handlungssequenzen sichern die Erfahrung und verdichten sich zum Eindruck »Mama« oder auch einer anderen, festen Bezugsperson. Vertrauen entsteht.

Wie anders ist das bei Kindern mit wechselnden Bezugspersonen oder gar mit traumatischen Beziehungsabbrüchen. Wie mühsam, wie irritierend wechselhaft schleifen sich hier die Reiz-Reaktions-Muster ein. Wie wenig Verlass ist auf die eigene Wahrnehmung, wenn Sinneseindrücke wechselhaft interpretiert werden müssen. Unterstellen wir einmal, das Kinderheim, in dem Felix die ersten Monate groß wurde, sei ein ganz vorzügliches gewesen, mit fachlich versiertem, zugewandtem Personal. Doch auch dort wird es Schichtdienst, Vertretungspläne, Urlaube der Mitarbeiterinnen gegeben haben. Bei allem Bemühen um Kontinuität ist es nun einmal so, dass jede Erzieherin ein Kind anders anfasst, anders anspricht, dass sie anders riecht. Das Fläschchen wird um Nuancen gedreht, die jeweils stützenden Arme haben einen unterschiedlichen Muskeltonus. Und weil Individuen dort arbeiten, ist es nur allzu menschlich, dass jeder vom Personal seinen individuellen Favoriten unter den Kindern hat. Das muss nichts mit Vorziehen oder Vernachlässigen zu tun haben. Doch jeder spricht auf eine Eigenart des Kindes verschieden an. Der eine lässt sich mit Lächeln gewinnen, der andere mit großen Kulleraugen. Was die eine Erzieherin motiviert, kann bei der anderen schlecht ankommen. Eine wertet abwehrendes Strampeln des Babys positiv als energischen Charakterzug, andere sehen das als Quängeligkeit. Ob etwas als Vitalität oder Schlaffheit bei den Erzieherinnen ankommt, hat nun einmal auch mit deren Persönlichkeit zu tun.

Kluge Babys lernen schnell. Sie stellen sich auf ihre Erzieherinnen ein. Bereits an den sich nähernden Schritten, erst recht an der Stimme erkennen sie,»wer gerade Dienst hat«. Sie entwickeln eine hohe Sensibilität in der Reizwahrnehmung und zeigen variantenreiche Anpassungsfähigkeiten, um ihre Versorgerinnen für sich zu motivieren. Nicht aus Berechnung (wie sollten Babys auch?), sondern weil sie ihre Abhängigkeit spüren.»Wer hat heute Abend Dienst?« Diese Frage fällt häufig an einem Heimtag. Auch wenn es sich um Jugendliche handelt, muss bei der Frage nicht gleich der Verdacht aufkommen, dass sie beabsichtigen, am Abend Schlupflöcher zu nutzen oder»Budenzauber« zu veranstalten. Vielmehr ist es eine Routinefrage, deren Antwort ein – überwiegend unbewusstes – Programm auslöst. Man weiß, auf welche Parameter man sich einzustellen hat. Es sind hochgradige Anpassungsleistungen. Aus ihnen erwächst Sicherheit. Aber es ist eine mühsam erarbeitete Sicherheit und keine, die in sich hingebendem Vertrauen gründet.

Wenn Anpassung zum Zwang wird

Felix hatte schon viele Schulen besucht. Immer war sein Einstiegsmuster so wie auch jetzt in der Psychiatrieschule: Er machte sich beliebt. Überall und bei jedem. Schon am zweiten Tag engagierte er sich für ein Öffentlichkeitsprojekt, an dem seine Klasse bereits längere Zeit arbeitete. Er kannte schnell die Namen der Lehrerkollegiumsmitglieder und grüßte sie offensiv freundlich. »Da haben wir aber einen Netten bekommen«, hieß es bald im Haus. Nichts war vom Fehlverhalten erkennbar, das zu wiederholten Schulabbrüchen und -verweisen geführt hatte.

Felix wiederholte sein altvertrautes Muster: Er passte sich an, ohne das Sozialgefüge zu verstehen. Bei Klassenkameraden kommt man damit nur begrenzt an. Das wiederum erhöhte seinen Anerkennungswunsch, bis hin zur Verführbarkeit. »Felix sucht den Kontakt zu bestimmten Mitschülern. Er kann sich nur schwer in eine andere Person hineinversetzen. Felix bemüht sich jedoch, die vereinbarten Regeln für die Zusammenarbeit in der Klasse einzuhalten.« Mit diesem Hinweis zum Sozialverhalten des Siebenjährigen beginnt sein allererstes Zeugnis. Es folgt eine Notiz zum Arbeitsverhalten: »Die Mitarbeit im mündlichen Unterricht wechselt von lebhafter Beteiligung zur Unaufmerksamkeit. Die schriftlichen Aufgaben erledigt Felix selbstständig, sachgerecht und mitunter etwas langsam.«

In der Rückschau lesen sich solche Aussagen aus der Zeit seines Besuchs einer Schule für Sprachbehinderte programmatisch. Ende des zweiten Schuljahres vermerkt die Lehrerin: »Felix sucht den Kontakt zu bestimmten Mitschülern, die ein Vorbild für ihn sind. Er kann aber auch gut mit den übrigen Kindern der Klasse spielen. Nach einem Streit, in den er verwickelt war, zählt er gern die Mitschuldigen auf. Felix kann jetzt im Unterricht ausdauernder mitarbeiten. Zuweilen schweifen seine Gedanken noch vom Thema ab.« Beim Wechsel in die Klasse drei einer Regelgrundschule erweist sich Felix als guter Schüler. Das, was sich später bis zur Zwanghaftigkeit steigern wird – sein innerer Anpassungsdruck –, liest sich im Zeugnistext noch wie das Kompliment an ein gründliches Kind: »Felix folgte dem Unterricht aufmerksam und beteiligte sich regelmäßig. Aufgetragene Arbeiten bewältigte er sachgerecht und zeitangemessen. Manchmal bat er darum, besprochene Aufgaben nochmals erläutert zu bekommen.« Es überrascht nicht, dass er nun geübte Diktate fast fehlerfrei schreibt, hingegen zeigen sich bei ungeübten Texten orthografische Unsicherheiten. In geübten Lernbereichen bringt Felix Leistungen auf Gymnasialniveau. Seine Leistungen bei fremden Lernstoffen haben jedoch allenfalls Hauptschulniveau. Als Kompromiss empfiehlt die Grundschule nach der vierten Klasse den Besuch einer Realschule. Auch hier gerät der knappe Begründungssatz des Empfehlungsschreibens zum Psychogramm:»Manchmal benötigte er hinsichtlich der Durchführung aufgetragener Arbeiten ein wenig Zuwendung, um Sicherheit und Vertrauen bezüglich seiner Fähigkeiten zu gewinnen.«

In der Realschule besticht Felix zunächst mit Lerneifer (Englisch Vokabeltests stets»sehr gut«). Doch mit dem Wegfall des vertrauten Klassenlehrerprinzips und der Konfrontation mit Fachlehrersystem, Raumwechseln und zuletzt 33 Klassenkameraden gerät er bald ins Schwimmen. Krampfhaft steigert er das, was sich bisher als erfolgreich erwies: Er wird noch fleißiger. Als Zensuren kommen aber – außer in Kunst und Sport – nur Vierer heraus. Er bejammert dies kleinkindhaft, erleidet Weinkrämpfe, wird verbissen und kauzig. Felix wird zum Sonderling der Klasse und definiert sich als Mobbing-Opfer.

Leistungs- und Nervenzusammenbrüche ängstigen ihn und die Eltern. Die Schule ihrerseits kann seine Affektausbrüche und Regelverletzungen nicht länger dulden. Da eine Sonderschule grundsätzlich abgelehnt wird, wechselt Felix in der 7. Klasse auf eine private Realschule. Dort wiederholen sich bald die bekannten Muster. Sie verschärfen sich noch durch Felix' Schuldgefühle, dass er den Eltern die große Geldausgabe nicht mit Superleistungen danken kann. Nach einem Jahr wachsender psychosozialer Instabilität bricht der Junge zusammen. Er verweigert jeglichen Schulbesuch. Mit der Diagnose»Zwangsstörung«,»Impulskontrollstörung« und»Schulangst« kommt er in jugendpsychiatrische Behandlung.

Tückisches Lob und Prometheus-Effekt

Wie kann Felix und seinen Eltern geholfen werden? Wie können die Zwänge aufgelöst und die festgefahrene Dynamik wieder in Gang gebracht werden? Zuerst gilt es zu verstehen, woher der Ehrgeiz des Jungen, woher die zwanghaften Anpassungsleistungen kommen. Wenn sie als immer wieder inszenierte Lebensstrategie, als Reaktion auf Angst vor Beziehungsabbrüchen verstanden werden können, werden Eltern und Schule einsehen, dass sich hier keiner um seines Vorteils willen einschmeicheln will. Hier kämpft jemand ums Überleben. Felix tut das in der Schule zeitversetzt: am falschen Ort, zur falschen Zeit, bei den falschen Menschen. Weil es ihm nicht bewusst ist, kann er ohne bewusst machende Hilfe den Teufelskreis nicht durchbrechen. Natürlich haben weder Schule noch Elternhaus von Felix verlangt, herausragend zu sein. Er wollte es von sich aus, quasi im vorauseilenden Gehorsam, weil seine Fantasie ihn fürchten ließ, er könnte nicht mehr gemocht werden. In unbewusster Wiederbelebung seiner frühkindlichen traumatischen Erfahrungen fürchtete er letztlich gar um seine grundlegende Versorgung: Alte Existenzängste kamen auf. Deren Bewältigung erhoffte er von Strategien, die einst erfolgreich waren: Anpassung und Liebsein.

An diesem Punkt verstärkten Eltern und Schule tückischerweise, nämlich in bester Absicht, die krank machenden Reaktionsmuster des Jungen. Denn Felix wehrte seine Ängste mit Verhaltensweisen ab, die zu den Kardinaltugenden in der Pädagogik zählen: Er gab sich lernwillig, war fleißig und zuverlässig. Nach einem Schulwechsel imponierte er damit in der ersten Schulwoche immer wieder aufs Neue. Welche Lehrer freuen sich nicht, wenn ein Schüler brav die Hausaufgaben macht? Welchen Eltern treibt es nicht den Glanz in die Augen, wenn ihr Kind gute Noten bekommt? Die üblichen Belohnungssysteme bestätigten Felix, dass er mit seiner Strategie der Anpassung erfolgreich war, dass er gemocht und gehalten wurde. Für kreatives, unorthodoxes Denken und Tun wurde der Platz eng. Doch das musste nicht unbedingt als schmerzhaft empfunden werden. Eine solche Lücke kann weggelobt werden. Mit guten Gefühlen sitzen alle in der Falle des Bravseins fest. Es wäre falsch, hier von Schuld der Eltern und Lehrer zu sprechen. Dennoch begehen sie einen Fehler, einen Fehler, der ihnen mit Hilfe von außen bewusst gemacht werden kann – ein wichtiger Schritt zur Veränderung.

Eine weitere Falle, in die Adoptiveltern geraten können, ist die – heimliche – Lust, »Prometheus zu spielen«. Gemeint ist damit das seit der Antike beschriebene pädagogische Motiv, »Menschen zu formen«. So wie Prometheus, der Gott aus der griechischen Sage. »Hier sitze ich, forme Menschen / Nach meinem Bilde / Ein Geschlecht, das mir gleich sei...«, heißt es trotzig-aufklärerisch in Goethes Gedicht *Prometheus*. Mitnichten sollen damit Adoptiveltern der pädagogischen Vermessenheit bezichtigt werden. Aber es soll auch nicht geleugnet werden, dass der Prometheus-Effekt, die Chance und der Wunsch, »Menschen zu formen«, ein ganz wichtiges Motiv ist, um die Strapazen einer Elternschaft auszuhalten. Erst recht einer Adoptions-Elternschaft. Dergleichen schwingt als – unbewusstes – Berufsmotiv z. B. auch bei Pädagogen, Therapeuten oder Entwicklungshelfern mit. Es ist ein völlig legitimes Motiv, das allerdings eine Kehrseite hat. Diese kommt zum Vorschein, wenn Kinder – ebenfalls unbewusst – sich nur noch so verhalten, dass ihren Erziehern das Prometheus-Gefühl vergönnt wird. Kinder mit traumatischen Beziehungsabbrüchen verspüren diese »Verpflichtung« besonders intensiv. Es ist wie eine Dankschuld an die, die sich nun so gut um sie kümmern. Umgekehrt »verpflichten« sie damit die Eltern, es doch bitte nie wieder anders werden zu lassen. Eine solche Dynamik etabliert sich selbstverstärkend.

Wer wollte schon dagegen sein, wenn Kinder fleißig und freundlich sind, und was spricht dagegen, wenn Eltern sich am Verhalten ihrer Kinder erfreuen? Affektdurchbrüche und vegetative Zusammenbrüche wie bei Felix werden eher wie eine von außen kommende Krankheit, wie etwas Unerklärliches, Widersprüchliches erlebt. Es bricht als etwas völlig Fremdes ein. An Fremden, d. h. Personen außerhalb des geschlossenen (Familien-)Systems, wird dann auch schnell die Ursache für die Störung festgemacht. Mal trifft es »die unengagierte Lehrerin«, mal »die unfreundliche Dame vom Jugendamt«, mal soll der Arzt, mal die »Mobbing-Meute« der Klassenkameraden dafür herhalten. Die Heftigkeit, mit der die eigene Person und das häusliche Umfeld als Verursacher ausgeblendet werden muss, lässt erahnen, wie frühere Generationen auf Hexerei und Teufelswerk kommen konnten.

Das Wissen um die beschriebene Dynamik muss keinesfalls dazu führen, den Anpassungsleistungen eines Kindes mit Misstrauen und Unbehagen zu begegnen. Im Gegenteil. Anpassung ist eine Leistung, die Freude und Lob verdient. Doch es geht um ihre Gewichtung. Sie sollte als Teil-Leistung gesehen werden, die nicht übermäßig bewertet werden darf und von der auch nicht alle möglichen anderen Leistungen abgeleitet werden sollten. Es verhält sich ähnlich wie mit der Gewichtung von Teil-Leistungsstärken in Schulfächern. Kinder, die gut im Rechtschreiben sind, gelten in unserem Kulturkreis schnell als allgemein intelligent. Das kann zutreffen, es kann aber auch ein Trugschluss sein, wenn das Kind beispielsweise nur über herausragende Merkfähigkeiten für Schriftzeichen verfügt. Ob dieses Kind einmal einen Aufsatz schreiben können wird, ob es Rhythmen der Lyrik erfassen oder sachlogische Schilderungen verfassen können wird, bleibt abzuwarten. Wer in solchen Fällen Kinder – sicherlich in guter Absicht – undifferenziert hochlobt, darf sich über deren Angst vor jähen Abstürzen nicht wundern. (Schulverweigerung liegt oftmals in solchen Versagensängsten begründet.) Eltern und Erzieher können und sollten die gute Rechtschreibung eines Zweitklässlers loben, aber sie sollten zurückhaltend im Urteil sein, was davon für die weitere Bildungslaufbahn abzuleiten ist.

Übertragen auf Felix, seine Eltern und Lehrer heißt dies, dass es Grund zur Freude über seine Gutwilligkeit, seine Anstrengungsbereitschaft, seinen Fleiß, seine Höflichkeit gab. Doch es ist unangemessen und überzogen, das bereits als Beweis für einen gelungenen Adoptionsprozess und als Ausdruck stabiler Persönlichkeitsentwicklung zu sehen. Weil im Erziehungs- und Beziehungsprozess so früh »Entwarnung« gegeben wurde, weil Teilbereiche für das Ganze gehalten wurden, platzten die ungelenke Gegenwehr und die Entlastungsversuche des Jungen ungebremst in die Familie hinein und wurden als Katastrophen erlebt. Brutal wurde eine zelebrierte Harmonie als Scheinfrieden enttarnt. Felix sah sich als Auslöser der Gefühlseruptionen und empfand Schuldgefühle. Folglich versprach er – und nahm es sich tatsächlich vor –, zukünftig »noch lieber« zu sein. Er erhöhte sozusagen die Dosis des einst erfolgreichen Mittels. Eine Weile wirkte das. Bis zum nächsten Ausbruch. Eine Überdosis wirkt nun mal krank machend. Die Spirale drehte sich weiter und schneller.

Vor solchen Teufelskreisen können Eltern sich schützen, indem sie sich über den aktuellen Erfolg freuen, aber keine weiteren Erwartungen davon ableiten. Vielleicht ist das aus dem Sprachgebrauch gekommene Wort Demut hier angebracht. Aus dem Mittelhochdeutschen »Dienmut«, also Mut zum Dienen, abgeleitet, geht es um das Übernehmen von Aufgaben. Die eigenen Bedürfnisse, etwa der »Prometheus-Effekt«, werden nicht vorrangig bedient. Das gelingt nur, wenn man um die eigenen Ansprüche weiß – und um ihre Verlockungen.

Selbstverständlich gilt dies nicht nur für Adoptiveltern. Alle Erziehenden sollten sich davor hüten, von einzelnen Erfolgen oder Misserfolgen innerhalb einer Entwicklungsphase auf das Gelingen oder Misslingen des gesamten Erziehungsprozesses zu schließen. Schön ist es, die Gegenwart als gelungen ansehen zu können – und zu wissen, dass die Zukunft noch manche Überraschung bereithalten wird.

Warnungen erkennen – Teufelskreise durchbrechen

Eine reduzierte Erwartungshaltung zu pflegen ist schwer, weil pädagogisches Engagement natürlich auch die langfristigen Ziele im Blick haben will. Ohne große Lebensentwürfe können Erziehungsprozesse auch verflachen. Zudem wirken die Teilfähigkeiten oft so trügerisch imponierend, dass auch erfahrene Pädagogen immer wieder darauf hereinfallen. Es passiert schnell, dass ausschnitthafte Leistungen falsch, nämlich verallgemeinernd interpretiert werden, wodurch falsche Selbsteinschätzungen und einengende Verhaltensweisen eines Kindes noch verstärkt werden.

Im Fall von Felix passierte uns genau dies in der Klinikschule. Der Junge präsentierte sich gleich zu Anfang so eifrig, so kompetent und willig, dass wir als Bewältigungsstrategie fehldeuteten, was eigentlich nur hohe Anpassungsleistungen waren. Hätte er das für neue Schüler oft typische Taktieren oder gar »Schleimen« gezeigt, wäre das erfahrene Team nicht darauf hereingefallen. Felix aber hatte alle Antennen herausgefahren, um zu spüren, womit er »punkten« konnte. Er spürte, dass auch eine gewisse Kessheit gut dazu passen könnte – und brachte sie. Das war jedoch nicht sein wirklich Eigenes. Er spielte lediglich den Kessen. Nach zwei Monaten ging ihm dabei die Luft aus. Er hechelte seinen Ansprüchen hinterher und kam zu Fall. Plötzlich konnte er die einfachsten Aufgaben nicht lösen, forderte sich aber schwerste Übungen ab. Er wurde schlaflos, in der Schule sehr unruhig und unkonzentriert. Wir ahnten, wieso frühere Kollegen ihn für einen schlecht begabten Schüler halten konnten. Seiner in umgangssprachlicher Redensart vorgebrachten Selbstbezichtigung, er habe »ein Brett vor dem Kopf«, setzten wir – wie gesagt – die Bemerkung entgegen, er habe es, wenn überhaupt, vor der Seele.

Falsches und richtiges Selbstbild zu unterscheiden ist auch deshalb so schwierig, weil Jungen wie Felix ihre Selbstverleugnung weder als Verlust noch Einengung, weder als Lücke noch als Falschheit empfinden. Sich zu verstellen ist ihnen vertraut. Es ist ihr (Über-)Lebenskonzept. Gleichsam unbewusst und eingespielt erscheint es ihnen auch erfolgreich. Deshalb sind sie auf die Mitmenschen, an die sie sich anpassen, auch nicht zornig. Diese bekommen lange Zeit keinen Unmut zu spüren – bis sich ein Affekt entlädt. Für den gibt es kein Frühwarnsystem. Die Überforderungssymptome kommen ganz unvermutet und an ganz anderen Stellen hoch. Die Mitmenschen ihrerseits »verstehen die Welt nicht mehr«. Wenn sie nun – verständlicherweise – die Beziehung reservierter oder zurückweisend gestalten, schließt sich der Teufelskreis. Der abgelehnte Mensch wird das Maß seiner Anpassung erhöhen, oder er resigniert eines Tages ganz. Im schlimmsten Fall beschließt er, dass der andere für ihn nicht mehr wichtig ist.

Solche Teufelskreise zu durchbrechen ist das Ziel von Psychotherapie. Die Pädagogik hingegen kann eine Zuspitzung der Probleme im Vorfeld verhindern. Pädagogen, die um die aufgezeigte Dynamik wissen, müssen nicht mehr in jede Beziehungsfalle hineinlaufen und den typischen Ködern auf den Leim gehen. Beispielsweise werden sie eine inhaltslos frühe Begeisterung des Kindes oder stereotype Sympathiebekenntnisse nicht überbewerten. Das muss nicht schroffes Zurückweisen bedeuten. Aber sie werden auf ein falsches Spiel nicht euphorisch eingehen. Eine auffällige Glattheit, eine sich merkwürdig konfliktfrei darstellende »Normalität« darf mitunter sogar als verstecktes Warnsignal gesehen werden. Felix bot seinen Pädagogen dieses versteckte Warnsignal während eines dreiwöchigen Betriebspraktikums. Dieses Mal, inzwischen ein halbes Jahr mit ihm vertraut, vermochten die Lehrer es zu lesen und konnten eine wahrscheinliche Fehlentscheidung verhindern. Felix war Praktikant in einer Bauschreinerei. Schon am ersten Tag schwärmte er von der Firma, und nach der ersten Praktikumswoche wollte er Bautischler werden. Die Firma meldete der Schule ihrerseits zurück, dass sie mit Felix einen »sehr Netten« bekommen hätten. Die Dame aus dem Büro lobte seine Höflichkeit, und der Chef fand die Pünktlichkeit und Einsatzfreude des Fünfzehnjährigen »in der heutigen Zeit« bemerkenswert. In den Beurteilungsbögen stachen diese Merkmale auch nach drei Wochen auf der Plus-Seite heraus und trugen wesentlich dazu bei, dass der Meister das Bewertungskästchen ankreuzte »geeignet für eine Ausbildung«.

Anderes vermerkten jedoch die beiden Gesellen, mit denen Felix tagtäglich zusammen war und die er auf die Baustellen begleitete. Sie würdigten zwar auch die guten Anpassungsleistungen des Jungen, sahen aber auch seine mangelnde Belastbarkeit, geringe Flexibilität in den Echt-Situationen. Der innere Druck, sich wohlgefällig und gewinnend zu verhalten, absorbierte so viele Kräfte, dass Felix in Entscheidungssituationen nicht mehr links von rechts unterscheiden konnte. Die Lehrer entschlossen sich (und damit korrigierten sie ihre erste Fehleinschätzung des Jungen) dem Urteil »nur bedingt geeignet« der beiden Gesellen zu folgen und Felix nicht in seinem Berufswunsch Bautischler zu verstärken. Wie Recht sie damit hatten, stellte sich vier Wochen später heraus, als Felix begeistert von einer Aushilfe in einer Gärtnerei erzählte. So »einer wie der Meister dort« wolle er auch einmal werden.

III. Vom Umgang mit der Fremdheit

Das Fremde sehen
Kinder aus eigenen und fremden Kulturen

Seit etwa Ende der 80er-Jahre wird es als etwas relativ Unspekta-
kuläres angesehen, wenn eine deutschsprachige Familie sich mit
einem fremdländisch aussehenden Kind in der Öffentlichkeit zeigt.
In den Jahren davor umwehte eine solche Konstellation ein Hauch
von Exotik, oft von wilden Spekulationen begleitet. Im Getuschel
von Nachbarn und Verwandten galten solche Familien mal als
»Heilige«, mal als »Sünder«. Die einen werteten die Annahme
eines fremdländischen Kindes als soziale Tat, andere als Narretei.
Politischer oder religiöser Eifer wurde den Eltern unterstellt, während bei anderen in den ersten Nachkriegsjahren vermutet wurde,
dass es sich um das Ergebnis einer Liaison mit Besatzungssolda-
ten handelte, wenn ein – wie es damals hieß – »Negerbaby« im
Kinderwagen lag. Konstatieren wir an dieser Stelle, dass solche
Zeitgeist-Reflexe die betroffenen Personen sehr beeinflussten,
meist belasteten. Und es sei eingeräumt, dass Gerede solcher Art
zwar abgenommen hat, vereinzelt aber – offen oder versteckt –
immer noch existiert. Mit dieser Feststellung soll der Einfluss
der Mitwelt hier nicht weiter verfolgt werden. Stattdessen wollen
wir die intrapsychische Bedeutung des Fremden ins Zentrum der
Betrachtung stellen. Es soll gar als Chance begriffen werden.
Es gibt Adoptiveltern, denen wir raten, sie möchten sich vorstellen,
sie hätten ein farbiges Kind angenommen. Die Verwunderung über
diesen Vorschlag ist besonders dann sehr groß, wenn uns ein im
bürgerlichen Milieu gut verankertes, unauffälliges Elternpaar ge-
genübersitzt, das wegen bestimmter Verhaltensauffälligkeiten ihres
inzwischen jugendlichen Kindes Rat sucht. Damit die Berater
nur ja nicht irrelevante Fährten verfolgen, erklären sie von vornherein, dass die Adoption nicht für die Probleme verantwortlich
gemacht werden könne. Schließlich habe man das Kind schon
Stunden nach der Geburt bekommen, und weil es dem Vater ähnlich sehe, glaube ohnehin alle Welt, dass es sich um ein leibliches

Kind handele. Solch eine Position steht dann erst einmal im Raum. Und die Berater tun gut daran, nicht zu ungeduldig daran zu rütteln. Es wäre ja auch töricht, alles immer auf das Adoptionsverhältnis zu schieben, und es wäre unprofessionell zu leugnen, dass es verschiedenartige Ursachen für jugendliche Verhaltensprobleme gibt.

Der Tipp an Eltern, sich ein Kind anderer Hautfarbe vorzustellen, ist dann angebracht, wenn Anpassungsleistungen des adoptierten Kindes – mitunter unterstützt von äußeren Ähnlichkeiten – jeglichen Gedanken an Fremdes haben vergessen lassen. Klaus war so ein Junge. Früh adoptiert wuchs er als Einzelkind bis zum Eintritt in den Kindergarten unauffällig im kleinstädtischen Milieu der neuen Familie auf. Der Vater, ein leitender Beamter, genoss die späten Vaterfreuden. Besonders mochte er die Bastelstunden mit Klaus am Wochenende. Die Mutter war erleichtert, sich wegen der Kindbetreuung vom Schuldienst beurlauben lassen zu können. Dort hatte sie sich stets überfordert gefühlt. Ihre schöngeistigen Neigungen fanden nun in der Auswahl geeigneter Kinderbücher und Lernprogramme ein neues Betätigungsfeld. Klaus schien selig über die Zuwendung. Die Eltern interpretierten dies als Bestätigung ihrer bildungsbürgerlichen Erziehungsideale. Solche Interessen, mutmaßten sie, hätte auch ein leibliches Kind gezeigt. Klaus spiegelte und befriedigte die Wünsche der Eltern. Sie dankten es ihm mit Opferbereitschaft und gemeinsamen Aktionen, die von allen als erfüllend erlebt wurden. Allein das Temperament des Jungen machte den Eltern zu schaffen. Beim Kleinkind wurde das noch als besondere Wachheit, Pfiffigkeit, gar Intelligenz beklatscht. Doch mit zunehmendem Alter gebärdete sich diese Eigenschaft ungezügelter und unkontrollierter. Gab es im Kindergarten deswegen schon Probleme, geriet sein Verhalten in der Schule völlig aus der Bahn. Den Eltern erschien das unerklärlich, und es machte ihnen Angst. So etwas kannten sie nicht, weder aus der eigenen Biografie noch aus dem Verwandten- oder Freundeskreis. Fortan begann die Suche nach Spezialisten, die dieses Befremdliche an ihrem Kind »wegtherapieren« sollten. Das war ein mühsames – und teures – Unterfangen. Doch mit der Konsultation von Fachleuten bewegten sich die Eltern wieder auf vertrautem Terrain.

Diese Art Engagement kannten sie. Klaus wurde für sie allmählich zum Fall. Das »Ungezogene« an ihm konnte nur fassungslos bestaunt und an die Fachleute zur Behandlung delegiert werden.

Schwarze Haut – weiß gewaschen?

Was die Eltern von Klaus aus dem Blick verloren hatten, war die Tatsache des Fremden. Die kleinkindliche Angepasstheit des Jungen, sein dem Vater nicht unähnliches Äußeres und das eigene Glück über so viel empfundene – beziehungsweise hineininterpretierte – Seelenverwandtschaft hatten sie übersehen und vergessen lassen, dass dieses Kind Anlagen unbekannter Herkunft in sich trug. Da schon die Vererbungszeichen Haar- und Augenfarbe nichts über Klaus' fremde Abstammung verrieten, lag es für die Eltern nahe, abstrakte Erbeigenschaften wie Vitalität erst gar nicht in Betracht zu ziehen. Und Klaus verfügte über eine ausgesprochen große Vitalität. Doch anstatt das mit Freude aufzunehmen, hatten diese Eltern davor Angst. Das kannten sie nicht, jedenfalls nicht in dieser Intensität. Das, was bei ihnen selbst an vitalen Impulsen aufflackerte, hatten sie frühzeitig gelernt klein zu halten. Es war bis zur Unkenntlichkeit kulturell domestiziert.

Dass aus einer Mücke ein Elefant wurde und die gesunde Impulsivität des Kindes als jugendliche Verhaltensstörung entgleisen sollte, lag in der erfolgreichen elterlichen Ausblendung des »Fremden« in Klaus begründet. Statt die verflachte eigene Paarbeziehung mit der unbekannten Eigenart des Kindes zu beleben, wurde diese als Bedrohung erlebt und »wegerzogen«. Doch auf Dauer geht das nicht gut. Die Vitalität sucht sich eine Bahn. Es mag paradox klingen, aber in den Verhaltensstörungen zeigt sich mitunter der Rest gesunden Willens, dem Lebendigen endlich mehr Raum zu geben. Wenn nicht die Gefahr selbstzerstörerischen Scheiterns und Abdriftens ins Dissoziale gegeben wäre, wollte man den Selbstregulierungskräften der Kinder manchmal den Vorzug vor Therapien geben.

Eltern wie denen von Klaus hilft es mitunter, sich vorzustellen, sie hätten ein Kind ganz anderer Hautfarbe adoptiert. Dann würde schon beim Aufstehen und bei jeder weiteren Begegnung im Alltag sichtbar, dass »auch etwas Fremdes mit am Tisch sitzt«. Das soll nicht die Spaltung oder Isolation von den übrigen Familienmitgliedern fördern. Es soll vor Blindheit schützen, soll mahnen, die Besonderheiten dieses anderen Menschen nicht zu ignorieren, vor allem die weniger sichtbaren. Es soll auch vor der Illusion bewahren zu glauben, man könne den anderen so formen, wie es der eigenen Vorstellung am zuträglichsten ist. Schwarze Haut lässt sich nicht weiß waschen, weiße nicht dauerhaft einfärben. Bei allem Bemühen nicht. Das mag platt klingen, könnte aber eine Metapher für Adoptionsverhältnisse sein – und darüber hinaus. Wenn Eltern bereit sind, Beeinflussungsgrenzen zu akzeptieren, werden sie nicht nur ihrem angenommenen Kind einen Gefallen tun. Sie werden auch spüren, welchen Gewinn eine »erzieherische Demut« auch bei der Begegnung mit anderen Menschen, besonders der Partnerin bzw. dem Partner, bringt. Gelungene Beispiele von Aushalten und Akzeptanz der Fremdheit könnten somit weit über das Spezifische von Adoptionsverhältnissen hinaus in das menschliche Miteinander hineinwirken, im Privaten wie in gesellschaftlichen Zusammenhängen.

Ein Trend: Kinder aus anderen Kulturen

Natürlich gibt es auch Adoptivkinder, die ganz konkret aus einem fremden Kulturkreis kommen. Anteilmäßig nehmen sie hierzulande zu und sorgen dafür, dass das krasse Missverhältnis von 14 »Bewerberpaaren« auf ein zur Vermittlung freigegebenes Kind nicht noch größer ist. Als im August 2004 die Adoption eines dreijährigen russischen Mädchens durch Bundeskanzler Schröder und seine Ehefrau die Gazetten füllte, rückte das Thema »Auslandsadoption« wieder einmal ins öffentliche Interesse. Zahlen und Hintergründe wurden genannt, z. B. dass von den jährlich 5300 in Deutschland zustande kommenden Adoptionen rund 30 Prozent mit Kindern aus dem Ausland (darunter 400 aus Osteuropa, 450 aus Asien, 200 aus Nord- und Südamerika, 130 aus Afrika) erfolgen.[13]

Die Schröder-Adoption wurde zum Anlass genommen, um auf Chancen und Bedenken bei Auslandsvermittlungen hinzuweisen. Der Problembereich »Kinderhandel« und »Schmiergeld« wurde ebenso erwähnt wie der Hinweis auf verschärfte gesetzliche Bestimmungen, die solche Kinderübernahmen seit 2002 kontrollierbarer machen. Vom Prüfverfahren der Jugendämter und Vormundschaftsgerichte war die Rede und von Altersbegrenzungen und Wirtschaftsverhältnissen seitens der Eltern. Einige Medien zweifelten zwischen den Zeilen an, ob das »bei Kanzlers« denn wohl gut gehen könne. Andere stellten in fetten Lettern das »Große Glück bei Schröders« heraus. Es folgten Auflistungen prominenter Adoptionsverhältnisse mit Auslandskindern. »So glücklich sind wir mit unserem Russenkind«, zitierte die BILD-Zeitung den Schlagersänger Patrick Lindner, der einen Sechsjährigen aus einem ehemaligen St. Petersburger Kinderheim vorzuzeigen hatte. Andere Blätter erwähnten die adoptierten »Russland-Mädchen« des Moderators Günther Jauch, das indische Mädchen des ehemaligen Tennisprofis Michael Stich, die brasilianischen Kinder des Designers und Sportlers Willy Bogner oder das inzwischen erwachsene ehemalige bolivianische Waisenkind von Alt-Bundespräsident Walter Scheel. »Herzkind aus der Fremde«, beschrieb Ulrich (1999) die Suche nach dem Familienglück, »denn Kinderlosigkeit kann eine quälende Verletzung sein« (S. 15).

Auf die Verehrung oder Häme, mit der in den Medien über die prominenten Adoptionen berichtet wurde, soll hier nicht näher eingegangen werden. Sie seien aber stellvertretend erwähnt für die Reaktionen, mit denen Eltern von fremdländischen Adoptivkindern rechnen müssen. Erst recht, wenn eine außereuropäische Herkunft auf den ersten Blick zu erkennen ist. Die unterstellten Motive reichen vom »Guten Menschen«, über Befriedigung von Beschützerinstinkten und Kindchen-Schema bis zur Unterstellung irgendwelcher finanzieller Vorteile oder der Verweigerung einer die eigene Karriere hemmenden Schwangerschaft wie bei der Hollywood-Schauspielerin Angelina Jolie (»Lara Croft«). So unqualifiziert – oder auch treffend – das im Einzelfall sein mag, ist es doch sehr plakativ. Als Vorurteile sind die Bemerkungen schmerzhaft und ungerecht, aber es lässt sich auf sie deutlich parieren. Deshalb sei hier die Aufmerksamkeit vorzugsweise den subtilen, intrapsychischen Phänomenen gewidmet. Es sind die Prozesse des Fremderlebens, an denen Eltern und Kind sich gegenseitig reiben können, gerade wenn sie sich derer nicht bewusst sind. Bei Sabine und ihren Adoptiveltern war das so.

Sabine war als Kind ein »Wonneproppen«. Sie sprudelte vor Temperament, steckte mit ihrem herzhaften Lachen alle an, die in der Nähe waren. In der Grundschule war sie nie besonders fleißig, machte mit ihrer Einsatzfreude jedoch vieles wett. Sie sang solistisch im Schulchor und war die Komödiantin der Theatergruppe. Bei der Weihnachtsfeier in Vaters Kanzlei sagte sie Gedichte auf, und bei Omas Geburtstag freute sich die Verwandtschaft auf Sabines Sketche. Als Einzelkind hatte sie ihren Eltern viel Freude gemacht, bis sie als Jugendliche schwierig, sehr schwierig wurde. Sie wurde den Eltern nun zu laut und schlichtweg zu ordinär. Und weil sie ein Genussmensch war, dazu zunehmend bewegungsunlustig, wurde sie mit fünfzehn Jahren kugelrund. Was vor Jahren noch niedlich wirkte, war den Eltern jetzt nur noch peinlich. Sie schämten sich ihrer.

Besonders unangenehm wurde den Eltern Sabines Verhalten bei gesellschaftlichen Anlässen, zu denen man die Kleine einst problemlos hatte mitnehmen können. Das Ehepaar rechnete damit, auf die nun recht provokanten Auftritte der Tochter übel angesprochen zu werden. Doch die Mitmenschen gingen milder als befürchtet mit ihnen um. Negative Reaktionen hielten sich in Grenzen, wenn Sabine mit ihrem lauten Lachen den dezenten Smalltalk bei einer Vernissage durchbrach. Das waren nicht die bösen Blicke, mit denen Eltern sonst zu verstehen gegeben wird, dass ihnen die Brut missraten ist. Da lag eher Mitleid drin. So, als könnten die Eheleute nichts dafür. Schließlich war das Mädchen ja nicht eigenes Fleisch und Blut. Sabine war nämlich farbig. Schokoladenbraune Haut wies ihre südamerikanische Herkunft aus. Während die Eltern solche Relativierung des Kindschaftsverhältnisses zunächst als kränkend empfanden, entdeckten sie darin allmählich die Chance, sich vom unangemessenen Verhalten der Tochter zu distanzieren: »Stimmt, solch ein Benehmen passt wirklich nicht zu unserer Familie.«

Ein Kind, das so sichtbar nicht aus dem »eigenen Stall« kommt, muss Eltern nicht so peinlich sein. Dessen muss man sich nicht schämen. Im Gegenteil, die Mitwelt bietet sogar eine soziale Heroisierung an: »Die haben's ja wirklich nicht leicht. Meine Güte, was diese Eltern auf sich nehmen. Wer weiß, aus welchen Verhältnissen dieses Mädchen zu ihnen gekommen war und vor welcher Gosse es durch diese Familie bewahrt wird!« Statt die Peinlichkeit mit Sabine auszuhalten, gingen die Eltern über die Brücke der Distanzierung. Sie hörten nicht nur auf, sich zu entschuldigen, sie stellten auch das Kämpfen mit und für Sabine ein. Sie opponierten nicht mehr gegen ihr Verhalten, sie verteidigten es aber auch nicht mehr. Anfänglich genoss Sabine das als Zuwachs an Freiheit und Bequemlichkeit. Dass sie wegen der Distanzierung auch traurig wurde, war ihr lange nicht bewusst. Die Verwandtschaft ihrerseits erkannte nicht, dass das Provokante des Mädchens ein entstellter Versuch war, das frühere elterliche Engagement wiederzugewinnen. Sabine wurde extrem unförmig und schwergewichtig, sie bevorzugte auffallende Kleidung und experimentierte mit Piercings und Tätowierungen. Eltern und Tochter entzweiten sich weiter. Es war so, als würde die lange Zeit ausgeblendete Fremdheit aggressiv und destruktiv wiederhergestellt. Das, was sich mit der Pubertät zwangsläufig und nur vorübergehend als Fremdheitsgefühl zwischen Jugendlichen und Eltern einstellt, verhärtete hier unter dem Etikett der fremden Herkunft.

Halt fand Sabine in der Schule. Das Gymnasium hatte sie längst verlassen müssen, doch ihr Einsatz reichte aus für einen Hauptschulabschluss. Im Betriebspraktikum erbrachte sie gute Leistungen bei einer sozialen Tätigkeit. Im Schulleben spielte sie führende Rollen bei Theater und Musik. Mit ihrer außergewöhnlichen Stimme, ihrer braunen Haut und voluminösen Gestalt weckte sie Assoziationen zu amerikanischen Soul- und Popsängerinnen. Als »Mahalia Jackson« des Schulchors war sie ganz mit sich und ihrer Ausstrahlung identisch. Es war schwer, das den kulturell so ganz anders orientierten Eltern als positiv zu vermitteln. Doch gestärkt durch eine gute Resonanz in der Peergroup konnte Sabine das

immer mehr als Schwäche der Eltern und nicht als eigene Unzulänglichkeit sehen. Das milderte das Gefühl des Gekränktseins und
ließ sie weniger oppositionell werden. Einmal sagte ihr der Musik-
lehrer, dass er sich ihre Stimme gut in einem Musical vorstellen
könne. Beide spannen den Gedanken weiter und kamen scherzend
auf die Idee, es müsse ein Musical über die Slums von Rio de
Janeiro sein. Selten sah man Sabine so strahlen wie bei dieser Vorstellung. Sie schien – zumindest in der Fantasie – zu Hause, in
ihrem anderen Zuhause, angekommen zu sein. »Und das Tollste
wäre«, so spann sie weiter, »wenn meine Eltern im Zuschauerraum
wären.« Und damit meinte sie die Adoptiveltern, deren städtisches
Theaterabonnement sie sich nicht mehr aufdrängen ließ. Die
Vision schien die Lösung zu sein, das Fremde mit dem Vertrauten
in Einklang zu bringen – ein Schritt, der beiden Seiten in der Realität noch bevorstand.

Es gab Hinweise, die einen hätten aufhorchen lassen können, dass
Sabine die Vorstellung von mehr als nur einem Zuhause, von nur
einer Heimat in sich trug. Aus der Rückschau ist leicht darauf hinzuweisen. In der Situation selbst sind solche Aufmerker jedoch
kaum zu entdecken. Sie kommen äußerst subtil daher und bleiben
letztlich auch spekulativ. Sie nicht wahrzunehmen darf deshalb für
die Beteiligten nicht mit Schuldzuschreibungen verbunden werden. Wenn hier im Nachhinein darauf hingewiesen wird, dann nur,
um aus einzelnen Beobachtungen langfristig vielleicht ein Puzzle
zusammensetzen zu können, das zukünftig als Frühwarnsystem
funktioniert. Im Nachhinein, wie gesagt, lässt es aufhorchen, wenn
ein zwar lernfaules, in der Schule aber waches, sich gerne beteili-
gendes Kind wie Sabine im dritten Schuljahr folgende Bemerkung
ins Zeugnis geschrieben bekommt: »An den Themen des Sach-
unterrichts hat Sabine weniger mitgearbeitet. Besonders bei den
Unterrichtsgängen zur Geschichte unserer Stadt zeigte sie kaum
Interesse.« So kann es sein, wenn brasilianische Kinder in einer
rheinischen Kleinstadt Aufgabenstellungen in einem Unterrichts-
fach nachgehen, das früher einmal »Heimatkunde« hieß.

Adoptivkinder haben »zwei Heimaten«. Wenn beide auch die »Heimaten« der Eltern werden könnten, wäre Problemen wie im Fall
Sabine schon etwas vorgebeugt. Eltern, die in ihrer Lebensgestal-

tung von sich aus den engeren Heimatbereich einmal verlassen, signalisieren damit Interesse und Offenheit für die andere, die »fremde« Herkunft. Dazu müssen Eltern nicht gleich in das Herkunftsland ihres Kindes reisen. Als Geste der Akzeptanz würde es schon verstanden, beispielsweise Lieder, Speisen oder Bräuche der »anderen Heimat« in die eigene Festkultur zu integrieren. Damit würde ausgedrückt: »Die Kultur, aus der du stammst, ist uns willkommen, die macht uns neugierig. Wir sind offen dafür.« Kinder hören da auch heraus: »Die Eltern sind offen für mich. Ich muss mich nicht verstecken, ich muss mich nicht für meine Herkunft entschuldigen.« Indirekt gelten damit auch die leiblichen Eltern als angenommen. Von der Akzeptanz der Äußerlichkeiten ist es kein großer Schritt mehr zur Akzeptanz unterschiedlicher Temperamente und Vitalität. Eltern sollten sich fragen, ob sie auf Fremdes solcher Art neugierig sind oder ob sie sich davon bedroht fühlen. Viele Adoptiveltern sehen in der Antwort auf diese Frage eine Chance, eigene festgefahrene Pfade zu verlassen und sich für Neues zu öffnen. So sahen es Sabines Eltern zunächst auch. Doch sie überforderten sich damit. Die Vitalität des pubertierenden Mädchens rüttelte zu heftig an ihrem eigenen Lebenskonzept. Das Kokettieren mit dem Fremden, das seinen Anschub einst aus dem Nachholbedürfnis ausgelassener eigener Entwicklungsschritte erhielt, bedrohte nun ihre gutbürgerliche Festung. Sabine sah keine andere Möglichkeit, als ihre »Heimat« später in der Subkultur zu suchen.

Königskinder und Auserwählte
»Euer Haus ist nicht mein Haus«

»Ich habe schon an seinen goldenen Haaren gesehen, dass er kein Gärtnerjunge ist«, so heißt es am Schluss des Märchens *Eisenhans*. In diesem Märchen der Gebrüder Grimm (Kinder- und Hausmärchen Nr. 136) vermählt sich wieder einmal eine Königstochter mit jemandem, der ursprünglich unter ihrem Stand ist. Wieder einmal gewinnt ein vermeintlicher »Underdog« die Prinzessin zur Braut. Obendrein noch Krone, Schloss und Gold – halt das ganze Königreich. Hier ist es ein Gärtnerjunge, in anderen Märchen ist es ein Müllerbursche, der schließlich König wird. Er wird es, weil er in Wahrheit ein Prinz ist. Keiner hatte das bislang gewusst. Doch die wahre Herkunft lässt sich nicht unterdrücken. Letztlich führt sie zur standesgemäßen Bestimmung.

Zu den typischen Fantasien von Menschen gehört die Vorstellung: »Was wäre, wenn…? Wenn ich gar nicht der bin, als der ich gelte?« Kinder spekulieren mit den Gedanken, wie es wäre, wenn sie nicht bei ihren Eltern aufgewachsen wären, wenn sie gar nicht von denen abstammten, wenn man sie im Krankenhaus nach der Geburt vertauscht hätte: »Vielleicht gehöre ich in eine ganz andere Familie, in eine andere Gegend oder Religion? Vielleicht sind meine richtigen Eltern sehr reich?« Drehten sich früher die Spekulationen darum, vielleicht ein heimliches Kind des Königs zu sein, sind es heute eher Weltstars, deren unentdeckter Ableger man sein könnte. Es sind faszinierende Gedanken von Möglichkeiten und Unbegrenztheiten, die je nach Alter und Vorstellungsvermögen ausgeschmückt werden. Doch es sind auch erschreckende Gedanken. Nicht etwa, weil die »wahren Eltern« ebenso gut ganz schreckliche Leute, Verbrecher, Ganoven sein könnten. Schrecken lösen solche Fantasien wegen des Verlustes an Geborgenheit aus. Zumindest wird die Vertrautheit der bestehenden Verhältnisse in Frage gestellt. Worauf ist Verlass? Was muss noch alles hinterfragt werden, was bislang als selbstverständliche Wahrheit galt?

Kinder spielen solche Gedankenspiele besonders im Vorschulalter mehr oder weniger intensiv durch. Manchmal sind es Trost- und Fluchtfantasien. Die drängen sich auf, wenn die häuslichen Verhältnisse problematisch sind, wenn Kinder elterliche Machtüberschreitung erdulden müssen oder sich nicht gegen einengende Zuwendung wehren können. Manchmal werden es auch quälende Vorstellungen, wenn sich Schuldgefühle wegen »gedanklicher Fahnenflucht«, Verrat und Undankbarkeit gegenüber dem »Clan« einstellen. Zuweilen motivieren solche Fantasien zur offenen oder heimlichen Spurensuche. Sie animieren zu Rollenspielen (»Ich wäre jetzt mal der und der«) und provozieren manchmal auch echte Konflikte. Doch fast immer, das heißt im gesunden Fall, begrenzen sie sich auf ein Durchgangsstadium. Sie verflachen im Lauf der ersten Schuljahre. An ihre Stelle tritt mehr und mehr die Realitätsprüfung, und eine Gewissheit stellt sich ein, dass es so, wie es ist, wirklich ist. Dass man selber tatsächlich der ist, den der Pass ausweist.

Bin ich hier richtig?

Das Bild der eigenen Identität und Gewissheit über die Abstammung setzt sich bei Kindern wie ein Puzzlespiel aus vielen Wahrnehmungen zusammen. Beispielsweise machen sie folgende Feststellungen:»Mama hat braune Augen – ich auch. Papa ist sehr kitzelig – ich auch. Opa hat leichte O-Beine – Oma sieht die bei mir auch. Meine Freunde können nicht mit den Ohren wackeln – aber mein Bruder und ich können das.« Es sind viele kleine Beobachtungen, aus denen Kinder sich ihre verwandtschaftlichen Beziehungen bestätigend ableiten. Wichtiger als deren biologisch objektive Überprüfbarkeit ist das Vertrauen in die eigene Wahrnehmung. Kleine Irrtümer und Fehlinterpretationen sind verkraftbar. Doch »unterm Strich« müssen Fremd- und Selbstwahrnehmung weitgehend deckungsgleich sein und durch die Realität bestätigt werden.

Der seelische Einbruch bei einer späten Aufklärung eines Kindes über seinen Adoptivstatus (eine Haltung, die noch bis weit in die zweite Hälfte des 20. Jahrhunderts verbreitet war) erfolgt nicht allein aufgrund der schockartigen Unvermitteltheit der Aufklärung (»Du bist jetzt groß. Wir haben dir nun etwas Wichtiges zu sagen...«). Das für den jungen Menschen so Schwierige liegt in der Erschütterung seines Vertrauens in die bisherige eigene Wahrnehmung. Denn je mehr gerade die unaufgeklärten Adoptivkinder unbewusst die Fremdheit spüren, suchen sie nach äußeren Gemeinsamkeiten mit ihren Eltern und Geschwistern. Sie sehnen sich danach, von diesen Beobachtungen die Echtheit ihres Kindschaftsverhältnisses abzuleiten. Immer finden sie etwas, was sie darin bestätigt. Drängen Ähnlichkeiten sich nicht auf, werden kleinste Zeichen überwertig zu Beweisen hochgedeutet. Wenn das nun alles nicht wahr gewesen sein soll, kommen Fragen auf wie:»Was stimmt sonst noch nicht? Was stimmt überhaupt noch? Worauf und auf wen ist noch Verlass? Auf mich selber offenbar nicht! Ich habe mich so geirrt!«

Eine frühe Offenheit über das wahre Eltern-Kind-Verhältnis – wie sie in den letzten Jahren mehr und mehr praktiziert wird – kann das Schockerlebnis vermeiden helfen. Doch eine Garantie für Problemfreiheit ist sie nicht. Die Sehnsucht, zugehörig zu ein, geht nämlich zuweilen so weit, dass Wahrnehmungen verfälscht, geradezu uminterpretiert werden. Das kann wahnhafte Züge entwickeln und auch skurrile. Da wird beispielsweise die »Hammerzehe« am eigenen Fuß bei entferntesten Familienangehörigen als Indiz verwandtschaftlicher Zugehörigkeit gesucht. Andere Kinder glauben an die Vererbbarkeit von Charakter- oder Verhaltenseigenarten. Zum Beweis ihrer Abstammung bewegen sie sich so oder sprechen so wie ein Elternteil. Auch deren Geschmack und Werte vertreten sie. Sie tun das nicht unbedingt »draußen« bei anderen, wie Kinder es oft tun, sondern im Binnensystem der Familie selbst. Gesten werden zur Demonstration: »Schaut her, ich bin einer von euch!« Der im Abschnitt »Wie geht es nach einer Trennung weiter?« (S. 148 f.) zitierte Martin wollte als Grundschulkind beispielsweise Elektriker werden, weil der Opa auch Elektriker war. Es war für ihn kein Widerspruch, einerseits zu wissen, dass er ein »Adoptiv-Enkel« war, und andererseits überzeugt zu sein, dass Opa ihm sein »Handwerker-Gen« vererbt habe.

Lebensauftrag und Doppelleben

Nun gibt es dieses kindlich-akribische Deuten der Wirklichkeit auch in genau umgekehrter Richtung: »Seht her, ich bin *nicht* wie ihr!« Womit wir wieder bei der Fantasie von der Vertauschung auf der Entbindungsstation sind. Was sich bei leiblichen Kindern irgendwann als Gedankenspiel auflöst, kann beim Adoptivkind zum Konflikt werden. Denn es findet immer mehr Indizien, die ihm bestätigen, dass es anderen Ursprungs ist. Entlastend ist es, wenn es das nicht heimlich tun muss, sondern wenn eine Offenheit der Erwachsenen ihm die Richtigkeit seiner Wahrnehmungen bestätigt. Das wird sehr helfen, doch es wird nicht alle Probleme ausschalten. Denn das Wissen um eine andere Herkunftsfamilie beinhaltet durchaus subtile und komplexe Probleme. Vordergründig kann die Tatsache, aus einer Familie mit einem anderen Namen zu stammen, belanglos sein. Konfliktreich wird es, wenn mit diesem Namen Zuschreibungen, Vorurteile oder ein ganz bestimmter Lebensauftrag – meist ideologischer Art – verspürt werden. Und wenn es ein Auftrag ist, der so gänzlich von den Zielen der Familie abweicht, in der man aufwächst, kann es ein Kind zerreißen. Oder es beginnt ein »Doppelleben« zu führen. Dieser Effekt ist vergleichbar mit einem aktuellen Migrationsproblem: das Entstehen von Parallelgesellschaften. Einen Namen zu tragen, der deutlich auf einen anderen Kulturbereich verweist, kann Menschen für das ihnen unbekannte »Land ihrer Väter« patriotischer einnehmen, als sie es jemals würden, lebten sie tatsächlich dort.

Im eingangs erwähnten Märchen *Eisenhans* führt der Gärtnerbursche solch ein Doppelleben. Er ist zum Thronfolger bestimmt. Da kann er noch so sehr den braven Gärtner spielen, seine Berufung, König zu werden, kann er nicht unterdrücken. Tagsüber mimt er den »tumben Tor«, der Unkraut jätet. Doch als das Land von bösen Feinden bedroht wird, schwingt er sich inkognito als Heerführer auf und rettet das Königshaus. Er ist tatsächlich ein Königssohn, der seinen Eltern einst von einem wilden Gesellen, dem Eisenhans, entführt wurde. Dieses Märchen ist kein spezielles »Adoptionsmärchen«.[14] Der Protagonist, der Gärtner-Königssohn, findet sich eher in einer Zwangsadoption wieder. Doch das Märchen greift das bekannte Sujet auf, wonach die wahre Herkunft immer durchschlagen wird. Im *Eisenhans* sind es die goldenen Haare, die das Königliche im Gärtnerburschen entlarven. Im Grimm'schen Märchen *Der Teufel mit den drei goldenen Haaren* (Kinder- und Hausmärchen Nr. 29) ist es die angeborene Glückshaut, die ein Kind zu seiner königlichen Bestimmung führt, auch wenn es als Findelkind bei einfachen Müllersleuten groß wurde.

In den religiösen Geschichten und Volksmythen sind es vielfach Findelkinder, die in meist armen Fremdfamilien zu Erlösergestalten oder Religionsstiftern heranwachsen. Die Spanne reicht von Moses, der in einem Schilfkörbchen ausgesetzt wurde, über den germanischen Siegfried, der vom Zwerg Alberich aufgezogen wurde, bis zu den Kultfiguren der modernen Medienwelt, etwa dem einstigen Pflegekind Marilyn Monroe. Adoptivkindern ist natürlich nicht bewusst, auf welch berühmte »Vorgänger« in der

Weltgeschichte sie zurückschauen können. Dennoch umgibt manche von ihnen eine Aura des Besonderen. Sie verspüren ein gewisses Sendungsbewusstsein. Das kann – je nach Inhalt der »Berufung« – kreativ oder provozierend, auch destruktiv und blockierend wirken. Vielleicht ist es ihre Freiheit, sich aktuellen Familienbanden nicht zu sehr verpflichtet fühlen zu müssen, vielleicht ist es die innere Kraft des erspürten – oder fantasierten – Auftrags der »anderen Familie«, die sie ihre Wege oft eigenwillig gehen lassen.

»Kind, wie konntest du uns das antun?«

Für Adoptiveltern ist es schwer auszuhalten, wenn ihr angenommenes Kind nach Jahren gemeinsamen Lebens sich so ganz anderen Aufträgen verpflichtet fühlt. Dreierlei mag sie trösten. Erstens gehören solche Autonomieversuche zu den Entwicklungsmerkmalen aller Heranwachsenden. Zweitens sind sie geeignet, den eigenen Familienhorizont zu weiten. Drittens sollten sie wissen, dass das befremdliche Tun und Denken ihres Kindes nicht primär gegen sie gerichtet ist. Das Kind tut etwas für sich, ganz in Loyalität zur – meist unbekannten – Herkunft. Dabei ist es selten wirklich so entschieden und selbstsicher, wie es tut. Es wird viel von der Souveränität der Adoptiveltern abhängen, ob am Ende die Entzweiung oder die Erweiterung des Beziehungssystems stehen wird. Wenn es den Eltern gelingt, den »Ruf des Blutes« bei ihrem Kind ohne Ausgrenzungsaffekte zuzulassen, wird das elterliche Bindungsband zu ihm am wenigsten gefährdet sein.

Eine prominente Schilderung der schwierigen Identitätsfindung – und wie mit ihr umgegangen werden kann – ist im Neuen Testament zu finden. Es ist die Geschichte *Der zwölfjährige Jesus im Tempel* aus dem Lukas-Evangelium, Kapitel 2, Verse 41–52. Ohne die historische Überprüfbarkeit der beschriebenen Szene hier zu thematisieren, ist sie von archetypischer Beispielhaftigkeit. Ihre Bedeutung ergibt sich schon daraus, dass sie die einzige Episode aus dem Leben Jesu ist, die ihn als Kind zeigt. Sie überbrückt das biografische Niemandsland zwischen der bekannten Geburtsszene in Bethlehem und den letzten Lebensjahren als Wanderprediger. Sie folgt fast unmittelbar auf die viel zitierten Verse der Weihnachtsgeschichte »In jenen Tagen erließ Kaiser Augustus…«. Es ist nicht unsere Absicht, jemand in seinen religiösen Gefühlen zu verletzen, wenn Jesus hier als »Adoptivfall«, zumindest durch den Vater, angeführt wird. Selbstverständlich ist Jesu Aufwachsen als göttliches Kind in einer irdischen Familie weder im konkreten noch im juristischen Sinne einem heutigen Adoptivverhältnis gleichzusetzen. Dennoch sind die psychodynamischen Phänomene der Geschichte übertragbar, zumal die Gottesmutter Maria hier in der allgemein menschlichen Affektlage einer besorgten Mutter geschildert wird, wie dies sonst nur selten in der Heiligen Schrift geschieht. Hier die Bibelstelle[15]:

Die Eltern Jesu gingen jedes Jahr zum Paschafest nach Jerusalem. Als er zwölf Jahre alt geworden war, zogen sie wieder hinauf, wie es dem Festbrauch entsprach. Nachdem die Festtage zu Ende waren, machten sie sich auf den Heimweg. Der junge Jesus aber blieb in Jerusalem, ohne dass seine Eltern es merkten. Sie meinten, er sei irgendwo in der Pilgergruppe, und reisten eine Tagesstrecke weit; dann suchten sie ihn bei den Verwandten und Bekannten. Als sie ihn nicht fanden, kehrten sie nach Jerusalem zurück und suchten ihn dort. Nach drei Tagen fanden sie ihn im Tempel; er saß mitten unter den Lehrern, hörte ihnen zu und stellte Fragen. Alle, die ihn hörten, waren erstaunt über sein Verständnis und über seine Antworten. Als seine Eltern ihn sahen, waren sie sehr betroffen, und seine Mutter sagte zu ihm: Kind, wie konntest du uns das antun? Dein Vater und ich haben dich voll Angst gesucht. Da sagte er zu ihnen: Warum habt ihr mich gesucht? Wusstet ihr nicht, dass ich in dem sein muss, was meinem Vater gehört? Doch sie verstanden nicht, was er damit sagen wollte. Dann kehrte er mit ihnen nach Nazaret zurück und war ihnen gehorsam.

Der junge Jesus gibt deutlich zu verstehen, dass er noch ein anderes Zugehörigkeitsgefühl verspürt als das zu seiner Mutter und zu seinem Ziehvater. Mit der Bemerkung, in dem sein zu müssen, was seinem Vater gehört, weist er Maria und Josef geradezu zurecht. Scharf formuliert heißt das: »Euer Haus ist nicht mein Haus.« Solch ein Satz kann von Pflege-, Leih- und Adoptiveltern als ein ziemlicher Schlag ins Gesicht empfunden werden. Im übertragenen Sinne wird er aber auch leiblichen Eltern nicht erspart bleiben, wenn ihre Kinder sich eines Tages in gesunder Autonomie abnabeln. Er ist ja kein Ausdruck von Undankbarkeit, sondern ein Hinweis auf andere Bindungs- und Wertesysteme, die den Lebensweg des Kindes weiten werden. Auf der orientierenden Suche nach den weiteren Wert- und Denksystemen ist es nahe liegend, wenn Adoptivkinder sich zunächst einmal intensiv mit ihrer Herkunftsfamilie beschäftigen. Die literarischen Zeugnisse der Menschheitsgeschichte geben ihnen Recht, künden sie doch von außergewöhnlichen Aufträgen, die es zu entdecken gilt. Da findet das arme Kind, das in einem Stall auf Heu und auf Stroh zur Welt kam, seine messianische Sendung ebenso wie der Gärtnerbursche, der für den Königsthron bestimmt ist.

Nicht alle Menschen können Messias oder König werden. Nur als Kind dürfen sie sich alle einmal in der Grandiosität erproben, ohne dass Eltern dies als Wahnvorstellungen deuten und besorgt die Kinder- und Jugendpsychiatrie bemühen müssen. Besonders an den Umbruchstellen der Persönlichkeitsentwicklung, in der Vorschulphase (Trotzphase) und in der Pubertät sind Größenfantasien legitime Merkmale. Im Adoptionsverhältnis besteht jedoch die Gefahr, dass solche Phasen nicht nur als Durchgangsepisode ausgelebt werden, sondern dass sie sich verhärten. Die Fixierung an diffus empfundene Aufträge und Berufungen der Ursprungsfamilie kann dann zwanghafte, fanatische Züge annehmen. Die Heranwachsenden gleichen darin manchen überengagierten Funktionären von Vertriebenenverbänden, die sich an Aufträgen für eine ihnen kaum wirklich bekannte Heimat abarbeiten und dabei manchmal das Augenmaß verlieren. Solch ein Funktionär würde noch verbissener, verböte man ihm etwa, seinen landsmannschaftlichen Dialekt zu sprechen. Der so Eingezwängte würde umso trotziger Zuflucht im Herkunftsmythos suchen. Der paradoxe Effekt wäre also Ausgrenzung statt Integration. Übertragen auf unser Eingangsmärchen heißt dies, dass der Gärtnerjunge sein goldenes Haar nicht verstecken muss. Er darf zeigen, was er hat. Seiner neuen Umgebung gereicht dies nicht zum Schaden.

Die Frage nach dem Stallgeruch
Leibliche Geschwister und Herkunftsmythos

Wünsche, Hoffnungen und Erwartungen begleiten jede Adoption. Man könnte auch sagen, sie ermuntern die Beteiligten, sich auf das Wagnis einzulassen. Auch verringern sie die Befürchtungen auf beiden Seiten, nicht geliebt zu werden, ein Versager zu sein, verlassen zu werden. Wünsche sind das eine, Fakten sind das andere. Gibt es Merkmale oder Bedingungen für eine gute Integration und ein Hineinpassen des Kindes in die Adoptivfamilie? Von erheblicher Bedeutung sind stets weitere Kinder, die in der Familie leben. Besonders, wenn das Adoptivkind auf Geschwister stößt, die leibliche Kinder der neuen Eltern sind. Da mögen die Eltern noch so gute Absichten verfolgen, seien es barmherzige Motive, ein Kind aus einem Elendsquartier zu retten, seien es pädagogische, dem eigenen (Einzel-)Kind einen Spielgefährten zu verschaffen. Wenn die leiblichen Kinder das adoptierte Geschwister nicht annehmen, wird eine Integration äußerst schwierig. Das veranschaulicht der Fall Enrico.

Enrico kommt nicht an

Enrico wurde im Alter von vier Jahren aus Chile adoptiert. Die Angaben über seine Kindheit sind spärlich: Von einer minderjährigen Mutter deutlich vor dem errechneten Geburtstermin zur Welt gebracht, wurde er anfangs von der Großmutter mütterlicherseits versorgt, um dann bei verschiedenen Pflegestellen und schließlich in einem Kinderheim untergebracht zu werden. In der Adoptivfamilie angekommen, zeigte sich ein starkes Kontaktbedürfnis, das für die Umgebung in irritierender Weise mit einem aggressiven und teilweise ablehnenden Verhalten einherging. Einerseits schien er die neue Umgebung zu genießen, andererseits geriet er mit den zwei älteren leiblichen Kindern der Adoptiveltern ebenso in Konflikt wie mit einem jüngeren Geschwister. Die Geschwister hatten sich zunächst auf den neuen Bruder gefreut, merkten jedoch bald, dass sie mit ihm nicht so umgehen konnten, wie sie es aus der eigenen Binnenbeziehung gewohnt waren.

Enrico fiel durch eine hohe Bewegungsunruhe auf und schwankte in seinen Stimmungen. Manchmal reagierte er trotzig, träge und passiv, dann wieder traurig, ängstlich und verschlossen. Er zeigte ein niedriges Selbstvertrauen und begann, mit den neuen Geschwistern zu konkurrieren. Diese wiederum fanden, dass Enrico nicht in ihre Familie passte. Anstoß nahmen sie vor allem daran, dass er Zuwendungen distanzlos und gierig einforderte, überschwänglichen Körperkontakt suchte und keine Grenzen akzeptieren konnte. Seine Geschwister beobachteten dieses Verhalten mit Misstrauen. Sie fanden, dass er die familiären Abläufe mehr als störe, und dieser Eindruck verstärkte sich noch, als mit seiner Einschulung Leistungsschwierigkeiten auftraten. Enrico fiel auch dort durch ein aggressives und wenig gruppenfähiges Verhalten auf, verweigerte sich bei den Aufgaben, und schon bald wurden die Hausaufgaben zu einem ständigen häuslichen Kampf mit der Mutter.

Nun war der negative Dreiklang komplett: Enrico entsprach weder den Vorstellungen der Eltern und Geschwister noch denen der Schule. Der Teufelskreis war geschlossen. Immer weniger konnte Enrico eigene Bedürfnisse zurückstellen, immer hektischer reagierte er mit wütenden Attacken oder mit Rückzug. Zuletzt verschloss er sich den in der Familie sonst üblichen gemeinsamen Lösungsversuchen. Seine älteren Geschwister, die jeweils eine Klasse übersprungen hatten, akzeptierten ihn nicht und nahmen ihn nicht ernst. Enrico spürte das, konnte es aber nicht in Worte fassen.

Über seine frühkindlichen Erfahrungen sprach Enrico nie. Sein Leben begann anscheinend erst in seiner Adoptivfamilie. Doch dort konnte er seinen Platz nicht finden. Zwar kämpfte er um ihn, doch seine Strategien waren untauglich. Trotz aller Schwierigkeiten nahm er seine Familie positiv wahr. Insbesondere die Beziehung zur Mutter erlebte er als eng, bedeutsam und intensiv. Doch ihr selbst gelang es nur bedingt, diese positiven Gefühle zu erwidern, da sie in vielen Bereichen spürte, dass Enrico sich nur sehr begrenzt den familiären Erwartungen und Normen anpassen konnte. Nach anfänglich hoher Bereitschaft und großer Begeisterung resignierten seine Geschwister zunehmend und grenzten ihn aus. Sie konnten mit ihm wenig anfangen. Seine Art sich einzubringen empfanden sie als zunehmend störend. Er hätte machen können, was er wollte: für seine Geschwister fehlte ihm schlichtweg der »Stallgeruch«. Der lässt sich weder verordnen noch erzwingen, er kann allenfalls erworben oder durch akzeptierte Eigenarten kompensiert werden, was aber nicht immer gelingt. Notwendig ist, dass die Eltern den Neuankömmling ganz bewusst bei ihren eigenen Kinder einführen und das gelingt nur, wenn diese sich bislang hinreichend stabil entwickelten. Der Versuch, mit Hilfe eines Adoptivkindes Schwierigkeiten mit den eigenen Kindern zu kurieren, muss scheitern.

»Das Blut ruft«

Wenn Kinder wie Enrico in ihrer neuen Familie nicht ankommen, ist es nicht selten, dass sie den Spieß umdrehen und sich selbst entfernen, zunächst symbolisch, später, als Jugendliche, wortwörtlich. »Hier gehöre ich nicht hin«, lautet nicht nur ihr trotziges Leitmotiv, so empfinden sie auch ihren »Gast«-Status. Auch sie verspüren einen eigenen Stallgeruch. Doch der deckt sich nicht mit dem ihrer derzeitigen Familie. Auch bei Enrico wäre eine solche Abkehr-Reaktion nachvollziehbar, denn trotz Bemühungen blieben die Verhältnisse in der Familie, vor allem wegen der leiblichen Geschwister, schwierig.

Selbst bei offenkundig guter Integration kann es die Tendenz geben, sich von der Adoptivfamilie zu entfernen. Das ist eine harte Probe vor allem für die Adoptiveltern, die sich liebevoll darum bemühten, dem Familienzuwachs ein neues Heim zu geben. Da gilt es, manches auszuhalten. Erträglicher wird es für sie, wenn sie sich vor Augen halten, dass ihr Adoptivkind das nicht *gegen sie,* sondern *für sich* tut. Dem aus der Ursprungsfamilie mitgebrachten »Stallgeruch« nachzugehen ist meist mystisch verklärt. Es ist diffus und irrational, doch wirksam, und zwar so wirksam, dass auch wissenschaftlich denkende Menschen nachvollziehen können, wieso sich bestimmte Redensarten etablieren konnten – und für manche heute noch Bedeutung haben.

»Der Ruf des Blutes« ist so ein okkultistisch gefärbter Begriff. (Die Nazis hatten leichtes Spiel, ihn zu instrumentalisieren.) Er meint jene unspezifische Unruhe, jene frei flottierende Sehnsucht, mit der manche Adoptivkinder auf der permanenten Suche nach ihren leiblichen Eltern sind. Bei Kindern im Vorschulalter, die von ihrem Adoptionsstatus wissen, ihre leiblichen Eltern aber nicht kennen, kann sich das in überraschenden Fragen äußern. So wunderte sich eine Dame in der Straßenbahn nicht schlecht, als die sechsjährige Dana sie nach längerer Beobachtung unvermittelt fragte: »Bist du meine Mama?« Was bei anderen Kindern als ein Anzeichen verminderter Distanzfähigkeit oder sozialer Intelligenz gedeutet werden könnte, war hier Ausdruck einer unterschwellig permanent präsenten Lebensthematik.

Während der ersten Schuljahre ist der »Ruf des Blutes« meist kaum zu hören, bis er sich bei Jugendlichen umso vehementer zurückmeldet. Darunter leiden nun Eltern wie Jugendliche gleichermaßen. Die Eltern mehr passiv, ohnmächtig duldend, die Jugendlichen mehr umtriebig aktiv. Enttäuschungen und reale Gefährdungen begleiten diesen Weg. Ältere Adoptivkinder, etwa 15- bis 17-jährig, entwickeln dann eine unglaubliche Energie, ihre Wurzeln aufzuspüren. Die Sehnsucht scheint mit dem Mangel an konkreten Daten proportional zu wachsen. Einer Mystifizierung, Glorifizierung wie Verteufelung der Herkunftsfamilie ist freie Bahn gegeben. Wir haben Jugendliche erlebt, die so lange suchten, bis sie das zutreffende Milieu fanden, von dem sie laut Aktenlage gar nicht wissen konnten, dass es das ihrer Eltern war. Nur selten gelingt es ihnen, die Eltern tatsächlich zu finden. Doch atmosphärisch kommen sie dem »Herkunftsstall« recht nahe. Jürgen beispielsweise riss öfter von zu Hause aus und fuhr ins Frankfurter Bahnhofsmilieu, nicht wissend, dass seine leibliche Mutter einst in der dortigen Bar-Szene tätig war. Mark trampte nach Wales. Er fühlte sich in der dortigen dünn besiedelten Landschaft wohler als in der rheinischen Großstadt. Laut Akte konnte er nicht wissen, dass sein leiblicher Vater ein irischer Soldat war, der sich bei seiner deutschen Partnerin nur schlecht hatte integrieren können.

Aufgeklärte Menschen und Fachautoritäten müssten um den Ruf ihrer Seriosität fürchten, wollten sie solche Episoden tatsächlich mit dem »Ruf des Blutes« begründen. Es ist legitim zu fragen, wie viel an Details über seine Herkunft das Kind irgendwo aufgeschnappt haben könnte, wie viel »Verräterisches« aus Erwachsenenmund oder Jugendamtsakte ans Ohr des Adoptivkinds drang und von ihm zu einem biografischen Puzzle zusammengesetzt wurde. In jedem Fall wird aber deutlich, mit welcher innerlich vorgeprägten Sicht, mit welcher permanenten Frage angenommene Kinder leben. In ihren neuen Familie ebenso wie in ihrer Mit- und Umwelt. Dass die sehnsüchtige Suche auch in umgekehrter Richtung, von der leiblichen Mutter zum Kind, erfolgen kann, sei hier nur am Rande erwähnt. In der ZDF-Sendereihe *37°* wurde unter dem Titel *Immer diese Sehnsucht. Adoptierte Kinder suchen ihre Mutter* ein Sich-Finden von Mutter und Sohn dokumentiert, das an übersinnliche Einflüsse glauben ließ (Radke-Gerlach 2002). Sowohl der vor 25 Jahren zur Adoption freigegebene Sohn als auch seine leibliche Mutter erhielten über verschiedene Jugendämter zur gleichen Zeit einen Brief vom jeweils anderen, in dem vom Wunsch nach Kontaktaufnahme zu lesen war.

Es ist zu erwarten, dass mit der zunehmenden Praxis von »offenen und halb offenen Adoptionen« Bewegung in die beschriebene Dynamik kommen wird. Sollten dadurch die archaisch anmutenden Floskeln vom »Stallgeruch« und »Ruf des Blutes« verschwinden, so wird doch das, was damit gemeint ist, bleiben: jene unspezifische Sehnsucht nach den Wurzeln und nach der »richtigen Chemie«. Letztlich bleiben es die Fragen »Bin ich hier richtig?«, »Gehöre ich hier hin?« Damit sitzen die an einer Adoption Beteiligten im gleichen Boot mit allen reflektierenden Menschen. Das sind Lebensfragen, die belasten. Es sind aber auch die Fragen, die Kreativität und Kulturleistungen freisetzen.

IV. Adoption in der Forschung

Befürworter wie kritische Betrachter der Adoption begründen ihre Meinung häufig mit öffentlichkeitswirksamen Stellungnahmen: »Diejenigen, die Platz im Herzen und Platz zu Hause haben, sollten sich überlegen, ob sie nicht auch ein Kind adoptieren wollen. Es gibt viele Kinder, denen man eine bessere Perspektive bieten kann, als sie haben«, so Regierungschef Schröder am 22. November 2004. Und weiter: »Angesichts der Tatsache, dass die Menschen immer älter werden, müssten diejenigen, die hier zu entscheiden haben, mal nachdenken, ob die Richtlinien für das Adoptionsalter für Eltern – nicht mehr als 40 Jahre zwischen Eltern und Kind – doch mal diskutiert werden müssten.« Wie stimmen diese subjektiven Einschätzungen und Beurteilungen mit den zahlreichen wissenschaftlichen Untersuchungen überein?

Adoptionen wurden bereits in den vorchristlichen Kulturen als Möglichkeit praktiziert. Es galt, auf diesem Wege Erben und Nachfolger einzusetzen. Die Adoption diente damit primär dem Erhalt von Macht und Sippe und wies dabei dem Adoptierten die gleichen Rechte und Pflichten zu wie leiblichen Kindern. Die rechtshistorische Entwicklung der Adoption verdeutlicht, wie stark diese mit gesellschaftlichen und sozialen Normen, Erwartungen und Werten verbunden ist. Dabei hat sich nach Napp-Peters (1978) trotz unterschiedlicher Schwerpunkte in den verschiedenen Ländern die Tendenz ausgebildet, Adoption als ein rechtliches Mittel der sozialen Hilfe für allein stehende Kinder auszugestalten. Im Zentrum der Beweggründe stand damit das Kindeswohl, d. h. die Förderung und Unterstützung von Kindern ohne Eltern. Diese Haltung wird im Rahmen der Diskussion um ein neues Adoptionsrecht verändert, wenn bestimmte gesellschaftliche Gruppen beginnen, ihren Anspruch auf eine Adoption anzumelden. Einen solchen Anspruch kann es aber nach Gaschke (2004) nicht geben, weil es bei Adoption in erster Linie nicht um den Kinderwunsch bei Erwachsenen geht, sondern um das Wohl des Kindes. Adoptivkinder, so Sichtermann und Leggewie (2003), seien im wahrsten Sinne des Wortes Wunschkinder, die von ihren Eltern die Bereitschaft abverlangten, unvorhersehbare Probleme zu meistern. Wenn dies zum Ausgangspunkt wird, dann gilt es, Wünschen, Hoffnungen und Erwartungen der Beteiligten nachzugehen, sie zu verstehen und – wenn nötig – auch zu hinterfragen. Nur so erschließt sich ein besseres Verständnis sowohl für geglückte als auch erfolglose Adoptionsverläufe. Insofern hinterfragen wir den »Weg in die Adoptionsgesellschaft«, den Sichtermann und Leggewie (2003, S. 183) propagieren. Für die Autoren macht Adoption zum einen allgemeine Formen der Familie plausibel, in welcher Blutsverwandtschaft nicht die einzige und bevorzugte soziale Bindung darstellt. Zum anderen könne sie – so ihre These und Hoffnung – neue Formen gesellschaftlichen Zusammenhalts und sozialer Solidarität akzeptabel machen und einüben, bei denen wir nicht auf ethnische Herkunft und familienartige Gemeinschaft zurückgreifen können, sondern uns allesamt als »Fremde« begegnen und verständigen müssen. Adoption würde zumeist noch in ein provinzielles Licht getaucht, während die Perspektive einer sich öffnenden und arrangierenden Welt den Namen »Adoptionsgesellschaft« verdiene (S. 11). Diesem stürmischen Aufbruch stellen wir das Bild einer eher langwierigen und manchmal schwierigen Wanderung gegenüber, auf die es sich mit dem richtigen Schuhwerk und ausreichend Proviant gut vorzubereiten gilt.

Neben den vielen wissenschaftlichen Studien, die Auskunft über Adoptionsverläufe geben und auf die später noch eingegangen werden soll, haben Erfahrungsberichte von betroffenen Kindern und Jugendlichen sowie Eltern unser Verständnis des Adoptionsgeschehens wesentlich mitgeprägt. Sie beleuchten das »Wagnis Adoption. Der Kampf mit dem Selbst, der Umwelt und dem Kind« (Akkerman 2002) sowie die »Adoption als eine Herausforderung für die Identität« (Mimra 1997) aus ganz verschiedenen Perspektiven unterschiedlich Betroffener. Gerade die in den Medien polarisierte Diskussion, die die abgebenden Mütter als verantwortungslos und die Adoptiveltern als die guten und selbstlosen »Retter« darstellt, verstärkt herkömmliche Vorurteile und kann sich negativ auf das Selbstbild adoptierter Kinder und ihre Rolle in der Gesellschaft auswirken. Es geht also darum, sowohl einer Pathologisierung als auch einer unkritischen euphorischen Betrachtung des Adoptions-

geschehens entgegenzutreten und den Blick auf die oft mit der
Adoption verbundenen unbewussten Wünsche und verborgenen
Hoffnungen, Enttäuschungen und Risiken zu richten.

Was die Forschung weiß

Seit gut 50 Jahren wird die Entwicklung von adoptierten Kindern
systematisch untersucht, um zu erkennen, auf welche Bedingungen
und Faktoren besonders zu achten ist. Diese empirischen Studien
zur psychischen Stabilität und Entwicklung von Adoptionskindern
belegen, dass diese ein erhöhtes Risiko für Verhaltensauffälligkeiten, soziale Fehlanpassung und Lernstörungen in der mittleren
Kindheit und Adoleszenz aufweisen (Cohen 2002, Brodzinsky und
Steiger 1991). Bei genauer Betrachtung dieser Ergebnisse zeigt sich
aber, dass nur gut 5 % der adoptierten Kinder von Entwicklungs-
belastungen und Risiken betroffen sind, während sich die große
Mehrheit unauffällig und gut entwickelt. Es bleibt also festzuhalten, dass sich die überwiegende Zahl der adoptierten Kinder gut
integriert. Dies entspricht auch ihrer eigenen Sicht, keine ver-
mehrten Probleme zu haben. Auch wenn diese Ergebnisse zunächst
beruhigend wirken, ist es notwendig, einzelne Aspekte des Adop-
tionsverlaufes und -prozesses näher zu betrachten. Smith und
Brodzinsky (1999) befragten 6–17 Jahre alte Adoptivkinder danach, wie sie ihre Adoption wahrnehmen, welche Gefühle sie ihr
gegenüber haben und wie sie mit ihrem Adoptionsstatus zurechtkommen. Ältere Kinder schilderten eine höhere Ambivalenz und
äußerten sich kritischer darüber, adoptiert zu sein, während jüngere
über aufdrängende Gedanken berichteten, die sie nicht loswerden
und die sie häufig beschäftigen.
Bemerkenswert ist, dass sich der Blick auf die Adoption und die
Einstellung ihr gegenüber sowie der Umgang damit während der
Entwicklung deutlich verändern. Dies bedeutet auch, dass Eltern
diesen Einstellungswechsel im Blick haben müssen, um sich hiermit auseinander zu setzen und nicht mit Enttäuschung, Resignation
oder Rückzug darauf zu reagieren. Während jüngere Kinder ihre
Adoptiveltern überwiegend positiv und unkritisch sehen, werden in

der Adoleszenz die mit einer Adoption verbundenen Probleme bewusster und verstärken Unsicherheiten und Fragen nach der eigenen Identität. Es zeigt sich nun, dass Kinder, die ihrer Adoption eher ambivalent oder kritisch gegenüberstehen, in der Familie mehr Rückzugsverhalten zeigen und sich weniger aktiv mit ihrer Situation auseinander setzen. Obwohl sie vermehrt emotionale Zuwendung, Unterstützung und Hilfe benötigen, gelingt es ihnen nicht, diese aktiv zu suchen und einzufordern. So kann es zu einer Abwendung von der Adoptivfamilie und einer Suche nach und Hinwendung zu der biologischen Familie kommen. Diese für alle Beteiligten oft nicht bewussten und unreflektierten Prozesse verstärken Interaktionsprobleme und familiären Stress.

Betrachtet man die Beziehungen und Interaktionen zwischen den Familienmitgliedern, dann ergibt sich ein enger Zusammenhang zwischen Verhaltensschwierigkeiten des Kindes und der Beziehungsqualität in der Familie. Dies trifft vor allem dann zu, wenn die Eltern Probleme haben, einen engen und guten emotionalen Kontakt zu ihrem adoptierten Kind herzustellen. Gelingt ihnen dies nicht, erhöht sich das Risiko für Verhaltensauffälligkeiten beträchtlich (Groza und Mitarbeiter 2003). Diese Ergebnisse verdeutlichen, dass es für eine gute emotionale und soziale Entwicklung des adoptierten Kindes besonders wichtig ist, in einem emotional unterstützenden Familienklima aufzuwachsen. Dies trägt in einem wesentlich höheren Maße zu einer positiven Entwicklung des Kindes bei und besitzt eine stärkere Bedeutung als die Geschehnisse vor der Adoption. Entsprechend wichtig ist es, in der Beratung und Unterstützung der Adoptiveltern darauf hinzuwirken, wie sie eine gute emotionale Beziehung zu ihrem Kind aufbauen können und wie negativ überhöhte Erwartungen und Ansprüche sind. Oft sind Veränderungen im Verhalten bzw. in den Beziehungsmustern erst dann möglich, wenn sich diese Erwartungen ebenfalls ändern.

Brodzinsky (1987) hat, ausgehend von den besonderen Belastungen und Risiken, die mit einer Adoption verbunden sein können, Konzepte und Modelle entwickelt, wie es trotzdem gelingen kann, diese Herausforderung erfolgreich zu bewältigen. Er geht davon aus, dass die Adoption sowohl für die Eltern als auch die Kinder mit besonderen und ungewöhnlichen Konflikten und Aufgaben verbunden ist. Diese interagieren mit den allgemeinen familiären Abläufen, komplizieren sie häufig und belasten. Brodzinsky meint, dass das Ausmaß und die Bereitschaft der Eltern, diese besonderen Herausforderungen anzunehmen, die Möglichkeiten einer erfolgreichen Problembewältigung wesentlich mitbestimmen. Eine wichtige Grundlage für eine Lösung dieser Entwicklungsaufgaben stellt eine sichere und vertrauensvolle Eltern-Kind-Beziehung dar, die auch bei auftretenden Belastungen und Krisen ein stabiles Fundament bietet. Vor welchen spezifischen Aufgaben und Herausforderungen stehen die Eltern?

Im Säuglingsalter geht es zunächst darum, dass sich die Erwartungen der Eltern an die Möglichkeiten und Merkmale des Kindes anpassen. Erwarten die Eltern ein »pflegeleichtes« Baby, werden jedoch mit einem »schwierigen Schreikind« konfrontiert, dann kann dies die Beziehung von Anfang an belasten. Unter solchen Umständen ist es für die Eltern schwierig, auf die Bedürfnisse ihres Kindes angemessen zu reagieren. Die Übernahme der Elternrolle wurde von den Adoptiveltern häufig über einen längeren Zeitraum ersehnt, doch wenn sie eintritt, kann sie eine komplexe und potenziell problematische Aufgabe darstellen. So kann durch die Adoption z. B. das Thema der eigenen Unfruchtbarkeit noch einmal aktualisiert werden und zu Selbstwertkrisen führen, die sich möglicherweise auf den Umgang mit dem Adoptivkind und die familiäre Atmosphäre auswirken.

Häufig lässt sich der Adoptionsablauf zeitlich nicht genau planen und überblicken. Er kann zwischen wenigen Monaten und mehreren Jahren dauern; die zukünftigen Eltern müssen sich auf diese Unsicherheit einstellen und zwischen Hoffen und Bangen, wann ihr Wunsch endlich erfüllt wird, verharren. In diese Warteperiode fällt in der Regel eine gründliche Überprüfung der Voraussetzungen für eine Adoption durch Behörden und Ämter, d. h. die Eltern müssen es sich gefallen lassen und aushalten, dass ihre Eignung und Fähigkeiten, ein Kind anzunehmen, von so genannten Experten beurteilt werden.

In der häufig längeren Vorbereitungszeit ist es für die Eltern wichtig, realistische Perspektiven und Erwartungen in Bezug auf die neue familiäre Konstellation zu gewinnen. Dies gelingt dann am ehesten, wenn sich im Kreis von Verwandten oder Bekannten offen über die neuen Aufgaben und Funktionen ausgetauscht werden kann bzw. Beispiele für eine gelungene Bewältigung einer Adoption zur Verfügung stehen. Hier kann der Austausch mit Eltern, die bereits eine solche Erfahrung gemacht haben, hilfreich und unterstützend sein, wenn sie offen über die positiven wie schwierigen Aspekte berichten (siehe die Adressen im Anhang, S. 179 f.).

Bedeutung des Adoptionsalters

Eine bedeutsame Rolle spielt das Alter des Kindes bei der Adoption. Nicht nur, weil es in seiner ersten Lebenszeit möglicherweise viele belastende Erfahrungen, z. B. durch Vernachlässigung oder andere traumatische Situationen, erlebt hat, sondern auch, weil in der ersten Entwicklungsphase die zentralen Beziehungserfahrungen von Vertrauen und Sicherheit gewonnen werden. Die Ergebnisse der meisten Studien belegen, dass Kinder, die relativ früh, d. h. innerhalb der ersten sechs Monate ihres Lebens, in ihre neue Familie kamen, eine gute emotionale Bindung herstellen konnten. Die Situation wird schwieriger, wenn erst nach dem ersten Lebensjahr eine Vermittlung des Kindes stattfindet, erst recht, wenn dies erst in der späten Kindheit oder im frühen Jugendalter geschieht (Haugaard 1998).
Im Kleinkind- und Vorschulalter kommt es zu ersten Autonomiebestrebungen des Kindes. Diese vermehrte Aktivität und Initiative ist nicht selten von einer hohen Ambivalenz sowohl auf der Seite des Kindes als auch der Eltern begleitet. Das Kind ist zwar neugierig und unternehmungslustig, doch es macht auch beängstigende Erfahrungen. Die enge, sichere und zunächst exklusive Verbindung zu den Eltern beginnt sich zu lösen und zu erweitern. Diese können hierauf mit vermehrter Sorge und Enttäuschung reagieren, wenn sie bemerken, dass ihr Kind zunehmend selbstständiger und autonomer wird und mit eigenen Wünschen, Fantasien und Gedanken den Separationsprozess vorantreibt. Je sicherer und vertrauensvoller sich die Beziehung zwischen Kind und Eltern entwickeln konnte, umso konstruktiver und angstfreier kann diese Phase von beiden Seiten wahrgenommen werden. In die späten Vorschuljahre

fällt auch meistens die Aufklärung des Kindes, dass es adoptiert worden ist. Diese Situation erleben die Eltern häufig als belastend, weil sie befürchten, hierdurch etwas bislang Gemeinsames aufzugeben und eine psychologische Distanz zu schaffen, da die biologische Verbindung in ihrer speziellen Familiensituation nicht vorhanden ist. Wenn das Kind dann aufgrund seiner altersspezifischen Entwicklungsaufgaben nach Separation und Unabhängigkeit strebt, kann dies erst recht bei den Eltern Gefühle von Angst und Enttäuschung verstärken.

Im Schulalter beginnen die betroffenen Kinder, ihren Adoptionsstatus besser zu verstehen und sich mit ihm auseinander zu setzen (Brodzinsky et al. 1998). Sie können nun abschätzen, was es bedeutet, dass ihre biologischen Eltern sie nicht behalten haben und sie in eine andere Familie aufgenommen wurden. So tauchen Fragen auf, warum man abgegeben oder ausgesucht wurde, wobei sich viele Fantasien um diese Frühphase ranken. Überlegungen über die Gründe der leiblichen Eltern gewinnen an Bedeutung, verbunden mit Enttäuschung und Ärger, aber auch mit dem ersten Wunsch, sie kennen zu lernen und etwas über sie zu erfahren. Andererseits stellen die Kinder meistens fest, dass sie es in der jetzigen Familie gut haben und sie diese nie verlassen wollen. Sie fühlen sich akzeptiert und geliebt und verbinden Sicherheit und Unterstützung mit ihren Adoptiveltern. Mit zunehmendem Alter verstärken sich die Fragen nach ihrer Herkunft und den biologischen Eltern, die sie irritieren und verwirren können. Diese Gedanken und Sorgen tragen nicht selten zur Verunsicherung der Adoptiveltern bei. Sie befürchten, ihr Kind über seine Herkunftsgeschichte nicht ausreichend oder falsch informiert und ihre Aufgaben als Adoptiveltern nicht gut erfüllt zu haben. Andererseits führt das zunehmende Bewusstsein und Verständnis, was eine Adoption bedeutet, bei den Kindern häufig zu einem Trauerprozess, in dem es gilt, den Verlust der biologischen Eltern zu verarbeiten, auch wenn die Kinder eine sichere emotionale Bindung zu den Adoptiveltern aufgebaut haben. Für diese kommt es darauf an, die krisenhaften Zuspitzungen und Fragen nach der eigenen Herkunft und Identität als notwendigen Prozess der Verarbeitung und Bewältigung einer Adoption zu begreifen.

Das Auftreten emotionaler Störungen und Verhaltensauffälligkeiten ist mit diesen kognitiven Verarbeitungsprozessen eng verknüpft. Während adoptierte Vor- und Grundschulkinder gegenüber ihren nicht adoptierten Altersgenossen nicht häufiger in psychische Schwierigkeiten hineingeraten, steigt die Rate mit der beginnenden Adoleszenz deutlich an. Fragen zur Herkunft werden mit der Identitätssuche verbunden und können eine hohe emotionale Irritation und Unsicherheit hervorrufen. Es gilt nun, diesen notwendigen Trauer- und Verarbeitungsprozess angemessen zu begleiten und zu unterstützen. Hierzu gehört, dass man die Sorgen und Zweifel ernst nimmt und akzeptiert und das Kind ermutigt, diesen Fragen nachzugehen und Antworten zu finden.

Besonderheiten des Jugendlichenalters

Mit Erreichen der Adoleszenz wirkt sich die Adoption häufig negativ auf die Entwicklung einer sicheren Identität und eines positiven Selbstwertgefühls aus. Die Jugendlichen reagieren bei ihrer Identitätsfindung verstärkt mit Trauer- und Verlustgefühlen. Die Erfahrung, »unvollständig« zu sein, auf wichtige eigene Wurzeln verzichten zu müssen, sie nicht zu kennen, ruft Wut und Ablehnung der aktuellen Lebenssituation hervor. Es geht darum, ein neues funktionsfähiges Gleichgewicht herzustellen, das die individuellen Wünsche nach Ablösung und Autonomie weder übertrieben betont noch sie aus Schuldgefühlen vermeidet. In dieser Entwicklungsphase kommt es darauf an, den Kontakt zur Adoptivfamilie zu erhalten und neu zu definieren. Hilfreich wäre hier, wenn den Adoptiveltern bewusst würde, dass auch sie Gefühle des »Unvollständigseins« empfinden könnten. Sie stellen sich vornehmlich nach den Erziehungsaktivitäten der ersten Jahre ein und geben einem Trauergefühl Raum, keine eigenen Kinder bekommen zu haben.

In der Adoleszenz und dem jungen Erwachsenenalter müssen unabhängig vom Adoptionsstatus wichtige Entwicklungsaufgaben gelöst werden. Den meisten Jugendlichen gelingt es dabei, ein positives Selbstbild in den verschiedenen für sie wichtigen Lebensbereichen wie Schule, Sport, Aussehen sowie soziale und intime

Beziehungen zu entwickeln. Akzeptanz und Anerkennung durch Gleichaltrige und Erwachsene tragen wesentlich zu einem stabilen Selbstwertgefühl bei. Adoleszenz als Chance und Risiko stellt häufig die Weichen für die weitere Entwicklung. In einer zunehmend liberalisierten Erziehungshaltung verschieben sich die gesellschaftlichen Erwartungen und das Verhalten von Jugendlichen (Flammer 2002). Die hierdurch hervorgerufenen Irritationen und Unsicherheiten wirken sich umso belastender und prekärer aus, wenn Fragen der eigenen Herkunft unsicher bleiben und damit auch die eigenen Rollenerwartungen sowie die Orientierung an verbindlichen Normen und Werten. Gelingt dieser Entwicklungsprozess nicht und vermitteln negative Vorbilder die zunächst fehlende Orientierung, dann kann dies zu erhöhter Aggressivität, Delinquenz und Ablehnung der bisherigen familiären Strukturen führen.

Dabei folgt der Prozess der Selbstfindung und der Identitätsbildung einer spezifischen intrapsychischen Dynamik, die durch die mit der Adoption möglicherweise verbundenen Fantasien, Befürchtungen und Ängste mitgeprägt und erschwert sein kann:

- Die Ich-Identität, d. h. die Selbsteinschätzung, versucht, ein Gefühl der inneren Kontinuität herzustellen. Der Jugendliche muss versuchen, die Gegensätze innerhalb seiner Persönlichkeit zusammenzubringen und ein Gefühl für einen ihm eigenen charakteristischen Lebensstil, d. h. eine Persönlichkeit, zu entwickeln.
- Die Ich-Identität zeigt sich auch in dem Bewusstsein, dass der persönliche Lebensstil von anderen wahrgenommen und anerkannt wird. Ein wichtiges Ziel besteht darin, Eigenes zu präsentieren, auf das man stolz ist und das die Umgebung akzeptiert.
- Das eigene Identitätsgefühl trägt dazu bei, sich persönliche Freiheiten zu nehmen, auch in der Beziehung zu anderen, und dabei zu spüren, dass die Umgebung diesen Freiraum nicht einengt, sondern die gewonnene Autonomie unterstützt und fördert.
- Der Prozess der Umstrukturierung in der Adoleszenz verlangt die Entwicklung neuer Ziele und eines für sich selbst und für andere akzeptablen Lebensplanes. Hierzu gehört, dass die eige-

nen Perspektiven realistisch sind und ihre Umsetzung schrittweise möglich wird (vgl. Streeck-Fischer 2002, Lehmkuhl und Lehmkuhl 2004a).

Eine sich verändernde gesellschaftliche Situation verlangt von den Jugendlichen neue Bewältigungskonzepte und Strategien. Es geht darum, Prioritäten zu setzen, Verzicht zu erbringen und aus einer Perspektivenvielfalt heraus eigene Entscheidungen zu treffen. Bedeutsam ist in diesem Zusammenhang, dass Jugendliche in der Regel Hemmungen haben, »das wirkliche Ausmaß ihrer Ängste, Sorgen und Konflikte mitzuteilen« (Seiffge-Krenke 1986). Notwendig ist es deshalb, den Jugendlichen so weit zu unterstützen, dass er eine realistische Einschätzung der anstehenden Aufgaben und Möglichkeiten, sie zu lösen, gewinnt. Ohne ein Verständnis für die altersspezifischen Entwicklungsprobleme und den typischen Lebensstil des Jugendlichen lassen sich die von ihm gewählten Bewältigungsstrategien häufig nicht nachvollziehen, sodass sich familiäre Konflikte verschärfen können. Rotmann (1973) charakterisiert die Beziehungsgestaltung dieser Altersspanne wie folgt: »Neben die emotionale Distanzierung von Familienmitgliedern, also den frühen Objekten, tritt eine Fülle von kurz dauernden Beziehungen zu Gleichaltrigen, zu älteren Führergestalten und ähnlichen. Sie sind oft stürmisch und ausschließlich, aber kurz dauernd. Daher rühren die enormen Wandlungsfähigkeiten und Anpassungsfähigkeiten in Schrift, Aussprache, Haartracht, Kleidung, Lebensgewohnheiten und Weltanschauung. Die Überzeugung, dass das jeweils willig Übernommene absolut richtig ist, verliert auch bei häufigem Wechsel nicht an Stärke und an Leidenschaft« (S. 99). Dieses Zitat belegt, dass im Jugendalter mit wechselnden und heftigen Gefühlen, Beziehungsaufnahmen und -abbrüchen und einer starken Idealisierung, die sich rasch ändern kann, gerechnet werden muss. Hinter diesem »pubertären Gehabe« verbirgt sich eine große Unsicherheit und die Suche nach neuen Werten und Vorbildern.

Von den Eltern werden in dieser Zeit Toleranz und unaufgeregte Kommentierung dieser wechselnden Stimmungen und Orientierungen verlangt. Sie sollten wissen, dass Ablehnung und Zuwendung

schnell wechseln. Ein konstantes und wohlwollendes Beziehungs-
angebot ist gerade in dieser Phase wichtig, um die Situation nicht
eskalieren zu lassen und um sich zuspitzende Konflikte zu ent-
schärfen. Die Selbst- und Fremdeinschätzung der Jugendlichen ist
durch eine hohe Ambivalenz gekennzeichnet. Dies führt zu einer
emotionalen Instabilität, wechselnden Gefühlsqualitäten, sprung-
haften Einstellungen und nicht erwarteten Beziehungsabbrüchen
und -aufnahmen. In dieser Zeit kommt der sozialen Einbindung,
der Idealisierung von Lebensplänen, von Wünschen und Beziehungsformen eine Hauptaufgabe zu. Um diese erfolgreich zu lösen,
braucht es realer Erfolge und einer wohlwollenden Unterstützung
und Begleitung. Die Bewältigung von Konflikten und Belastungen
in der Adoleszenz gelingt vor allem dann, wenn es die Familie
schon am Anfang der Adoption geschafft hat, angemessene Bewältigungsstrategien und Kompetenzen zu entwickeln. Dann kann
sie auf ein Repertoire an gemeinsamen Erfahrungen zurückgreifen,
um emotionale Stabilität und Sicherheit auch bei krisenhaften
Zuspitzungen zu gewährleisten (Peters et al. 1999).

Bewältigungsverhalten in Adoptivfamilien

Ausgehend von den besonderen psychosozialen Aufgaben und
Risiken, die mit der Adoption verbunden sind, lassen sich zwei
unterschiedliche Bewältigungsmuster differenzieren (Kirk 1964).
Die eine Gruppe von Eltern verleugnet die mit der Adoption verbundenen Belastungen und Risiken. Sie versuchen, ihr tägliches
Leben von Fragen, die mit der Adoption zusammenhängen, möglichst freizuhalten und gehen nicht davon aus, dass ihr Kind sich
mit dem Thema irgendwann beschäftigen wird. Ein entgegen-
gesetzter Umgang mit der Adoption besteht darin, dass sich die
Eltern und ihre Kinder mit dieser Thematik aktiv beschäftigen und
sich mit ihr auseinander setzen. Fragen nach der eigenen Herkunft,
Irritation und Unsicherheit werden aufgegriffen; das Wissen, eine
besondere Familie zu sein, zugelassen und reflektiert. Es ist jedoch
nicht so, dass diese beiden Verarbeitungsstile sich gegenseitig aus-
schließen. Vielmehr kommen sie in einer Familie je nach Lebensphase und zu bewältigenden Problemen parallel oder auch abwech-

selnd vor. Es spricht vieles dafür, dass die Haltung einer aktiven Bewältigung und Akzeptanz der besonderen Familienkonstellation bei der Lösung von Konflikten erfolgreicher ist. Verleugnungstendenzen erschweren hingegen die Entwicklung einer vertrauensvollen und warmherzigen Familienatmosphäre, die in der Lage ist, die Familienmitglieder darin zu bestärken, sich mit den Problemen zu konfrontieren und sie nicht defensiv zu verstecken. Je offener und unverkrampfter der Umgang von Seiten der Eltern mit der Adoption ist, umso eher kann diese Wahrnehmung auch vom Kind übernommen werden. Es erlebt, dass die Eltern durch diese Situation nicht belastet sind und dass sie offen zu ihm stehen können. Dies erleichtert die Entwicklung eines stabilen Selbstwertgefühls und einer Selbstakzeptanz, ohne sich anders oder ungenügend zu fühlen.

Ausgehend von diesen beiden generellen Haltungen, die je nach Situation mehr oder weniger hilfreich sein können, kann es zu starken Polarisierungen kommen. Werden die Differenzen und die Besonderheiten, die mit der Adoption verbunden sind, besonders stark hervorgehoben, gelingt es den Eltern häufig nicht, das Kind in die Familie zu integrieren und es als zugehörig zu empfinden. Die Folge können Ausstoßungs- und Enttäuschungsreaktionen auf beiden Seiten sein. Als Begründung werden dann genetische Anlagefaktoren oder frühkindliche Belastungen genannt, die es unmöglich machten, dass das Kind in der Familie heimisch wird. Eine vergleichbare Problematik kann auftreten, wenn Eltern die Adoption völlig verleugnen und damit dem Kind Fragen nach der eigenen Herkunft ebenso erschweren wie die Ablösung von der überprotektiven Fürsorge.

Betrachtet man die familiären Aufgaben und Interaktionen im zeitlichen Verlauf, dann erscheint es notwendig, sich in den ersten Jahren nach einer Adoption zunächst um eine stabile emotionale Basis, um gute Bindungsqualitäten und funktionsfähige familiäre Interaktionen zu kümmern. In diesem Zeitraum kommt es zunächst darauf an, den besonderen Adoptionsstatus nicht zu betonen, sondern eine Basis zu schaffen, hierüber zu einem späteren Zeitpunkt offen zu sprechen, ihn weder verheimlichen noch relativieren zu müssen. In Familien, bei denen es den Kindern nicht gelingt, sich emotional und sozial gut anzupassen, steht auf Seiten der Eltern häufig die Überzeugung, dass die Ursachen mit der Adoption bzw. früheren Belastungen des Kindes zusammenhängen. Können diese häufig unbewussten Überlegungen und Erklärungsmuster nicht thematisiert werden, resultieren Resignation und Ausstoßungstendenzen. Es kommt also darauf an, zwischen einem zu engen und verstrickten Beziehungsmuster einerseits und einem sich abgrenzenden, voneinander abrückenden Verhalten andererseits eine Haltung zu finden, die Respekt und Kontakt aufrechterhält und nicht gefährdet. Aus diesen Gründen bestehen die besonderen Herausforderungen und Belastungen für die Adoptivfamilie in der mittleren Kindheit sowie in der Adoleszenz, da sich in diesem Lebensabschnitt die spezifischen kritischen Fragen und Konflikte stellen, die zu einem erhöhten Risiko für emotionale Verhaltens- und Lernschwierigkeiten führen.

Wie entwickeln sich Adoptivkinder?

Auch wenn sich Adoptivkinder in ihrem weiteren Lebensweg überwiegend problemlos entwickeln, werden sie doch häufiger in Beratungsstellen und Kliniken vorgestellt, wie große repräsentative Studien über einen längeren Zeitraum zeigen. Die meisten Autoren warnen davor, die Unterschiede zwischen adoptierten und nicht adoptierten Kindern überzubetonen, da sie meist sehr gering ausfallen. Diese zum Teil widersprüchlichen Ergebnisse erklären sich vor allem dadurch, dass die Gruppe der adoptierten Kinder sich in vielen Merkmalen und Belastungsfaktoren unterscheidet und somit eine sehr heterogene Gruppe darstellt. Eine besondere Bedeutung kommt jedoch den Umständen, aber auch dem Alter bei der Adoption zu. Scheitert die erste Vermittlung und muss eine zweite Familie gefunden werden, erhöht dies das Risiko für Anpassungsprobleme.

Viele Kinder, die zur Adoption freigegeben werden, haben eine frühe Phase der Vernachlässigung durchgemacht, deren Dauer und Ausmaß für die spätere Integration und Bindungsfähigkeit eine Einschränkung darstellen kann. Dass adoptierte Kinder häufiger in Kliniken und Institutionen wegen Verhaltensauffälligkeiten vorgestellt werden, liegt möglicherweise an der erhöhten Sensibilität und Vorsicht der neuen Eltern gegenüber psychischen Belastungen und Symptomen. Darüber hinaus sind häufig eine Vielzahl von Institutionen und Stellen involviert, die bereits bei ersten Hinweisen auf Entwicklungsbesonderheiten Behandlungs- und Beratungsmaßnahmen empfehlen. Auch mag die Hemmschwelle zum Besuch einer psychotherapeutischen Facheinrichtung niedriger sein, wenn Eltern sich sagen können, dass es letztlich ja doch nicht das leibliche Kind ist. Auch heute fällt es vielen Eltern schwer, sich einzugestehen, dass ihr Kind wegen Verhaltensschwierigkeiten spezifische Hilfen und Unterstützung benötigt, sodass häufig notwendige Maßnahmen erst sehr spät erfolgen und von den Eltern als Versagen und Kränkung angesehen werden.

Wiederholt wurde darauf hingewiesen, dass Adoptivkinder eine höhere Rate von Schul- und Lernstörungen aufweisen als nicht adoptierte (Brodzinsky und Steiger 1991). Sie sind öfter von neurologischen und emotionalen Auffälligkeiten sowie Wahrnehmungsstörungen betroffen. Es soll bei ihnen stärker zu Aufmerksamkeitsdefizit-/Hyperaktivitätsstörungen, sozialen Auffälligkeiten und Impulskontrollstörungen kommen. Die Vielzahl der hierzu vorliegenden empirischen Studien ergibt jedoch ebenfalls ein heterogenes Bild. So beschreiben einige Autoren diese Auffälligkeiten vor allem bei weiblichen Jugendlichen. Ähnlich uneinheitlich ist das Bild bezüglich eines erhöhten Drogenkonsums, Essstörungen und Persönlichkeitsstörungen. Während einige Untersucher bei diesen Symptomen eine höhere Rate unter adoptierten Jugendlichen fanden, konnte dies in anderen Studien nicht festgestellt werden (Brand und Brinich 1999, Miller et al. 2000).

Die Bedeutung der intrapsychischen Prozesse

Auch wenn durch eine Adoption die Entwicklungschancen von Kindern verbessert werden, stellt sie eine besondere Realität und Herausforderung dar, mit der sich die Familie auseinander setzen muss und die es zu bewältigen gilt. Die Psychoanalytikerin Marion Barnes (2000) fragt, ob eine warmherzige aufnahmebereite Umgebung für ein Adoptivkind ausreicht, die mit der Adoption verbundenen Aufgaben und Konflikte ohne Schwierigkeiten automatisch zu bewältigen. Die Hintergründe dieses Problems seien abhängig von Faktoren wie dem Adoptionsalter des Kindes, seiner Erfahrung mit Elternfiguren vor der Adoption und dem Verständnis und Einfühlungsvermögen der Adoptiveltern für das Verhalten des Kindes – Bereiche, für die nur zum Teil ausreichende empirische Hinweise und Belege vorliegen. Selbst wenn eine Adoption erfolgreich verlaufe, sei sie für Eltern und Kind dennoch immer eine ganz besondere Familienkonstellation, so Winnicott (1953/2000). Zum Beispiel fühle sich das Kind häufig auf andere Weise verpflichtet, Dankbarkeit und Angepasstheit zu zeigen, was später zu Schwierigkeiten führen könne (siehe den Abschnitt »Schuldgefühl und Wiedergutmachung«, S. 69ff.).

Leibliche Kinder müssen Eltern für ihre Entstehung nicht dankbar sein. Sie können davon ausgehen, dass ihre Eltern bereits vor den Erlebnissen, die schließlich zur Zeugung führten, etwas sehr Kostbares miteinander geteilt haben. Bei Adoptionskindern sei das anders, meint Winnicott:

»Man kann es von ganz verschiedenen Seiten her betrachten, aber die Tatsache bleibt, dass die Eltern, die sie gezeugt und empfangen haben, unbekannt und unerreichbar sind und dass die bestehende Beziehung zu ihren Adoptiveltern nicht an die entwicklungsgeschichtlich frühesten Schichten ihrer Fähigkeit zur Beziehungsaufnahme heranreicht. In manchen Fällen, in denen Schwierigkeiten auftreten, bekommt dieser Punkt eine solche Bedeutung, dass die heranwachsenden Adoptivkinder alles daransetzen, um nach ihrer eigenen Herkunft zu forschen, und sie ruhen nicht eher, bis sie schließlich wenigstens einen leiblichen Elternteil gefunden haben« (1953/2000a, S. 174).

Man muss dieser psychodynamischen und die Bedeutung der frühen Lebenserfahrung besonders betonenden Sichtweise nicht unbedingt folgen und mag ihr vorwerfen, dass sie sich aus konflikthaften Lebensläufen ableitet, die in therapeutischen Prozessen erschlossen wurden. Die negativen Auswirkungen traumatischer Erfahrungen wie Ablehnung, Verlust und Vernachlässigung stehen aber außer Frage (Feder 1974). Sie als Basis für konflikthafte intrapsychische und interaktionelle Prozesse zu vernachlässigen, bedeutet, die Schattenseiten frühkindlicher Erfahrungen zu verleugnen. Dass durch die Adoption ein spezielles Familiensystem entsteht, das von den beteiligten Personen kreative Kompetenz und Lösungsstrategien verlangt, wurde bereits von Brodzinsky betont (1987). Die anstehenden Fragen und Aufgaben verändern sich wie in allen Familien mit dem wachsenden Alter der Kinder beträchtlich, besitzen aber in Adoptionsfamilien eine eigene Dynamik. Hierbei kann die Problematik entweder verstärkt auf Seiten der Kinder, Eltern oder der Familienbeziehungen liegen, wobei sich die verschiedenen Bereiche überschneiden bzw. verstärken.

Im Vor- und Grundschulalter werden sich die Kinder der besonderen Realität ihres Adoptionsstatus bewusster. Es tauchen Fantasien und Vorstellungen auf, in denen sie sich mit ihren biologischen Eltern auseinander setzen. Sie versuchen zu verstehen und zu verarbeiten, warum sie in eine neue Familie kamen. Unsicherheiten und Ängste bezüglich der eigenen Herkunft tauchen auf, Fragen, warum die leiblichen Eltern sie nicht behalten haben. Oft verleugnen sie die Tatsache ihrer Adoption, idealisieren ihre Adoptionseltern, die sie aufgenommen und beschützt haben. Dahinter steckt häufig eine ausgeprägte Ambivalenz der eigenen Herkunft gegenüber: Enttäuschung und Wut, im Stich gelassen worden zu sein. Das ruft Fragen hervor, warum sie adoptiert wurden, was an ihnen liebenswert ist und ob etwas von den Schattenseiten und Anteilen der leiblichen Eltern in ihnen selbst fortbesteht (siehe den Abschnitt »»Dann geh doch zurück!«, S. 36 ff.). Gleichzeitig identifizieren sie sich mit den leiblichen Eltern und befürchten, dass sie von ihren Adoptiveltern möglicherweise auch im Stich gelassen werden könnten. Aus diesen Gründen überprüfen sie deren Verlässlichkeit und Zuwendung immer wieder. So kann ihr Verhalten etwas Austestendes annehmen: Bin ich so schlecht oder unzureichend, dass mich niemand auf Dauer aushalten kann, oder ist die Zuneigung meiner Adoptiveltern nicht wirklich tief und echt? Diese unbewusst ablaufenden Prozesse können von Angst, Wut, Enttäuschung und Hass begleitet sein und stellen die Adoptiveltern vor große Herausforderungen, die ihnen eine gelassene, wohlwollende und unterstützende Erziehungshaltung trotz hoher Verunsicherungen und Irritationen abverlangen. Für Wieder (1978/1990) »schafft und vermittelt das schwankende, ambivalente, offen feindselige und versteckt willfährige Verhalten des adoptierten Kindes den Eindruck von Instabilität und Unzufriedenheit. In diesem Verhalten spiegelt sich auch seine Verwirrung über die Bedeutung der Adoption als Prozess wider« (S. 52).

Mit der Einschulung können ganz unterschiedliche Verhaltensauffälligkeiten Ausdruck dieser Spannungen und Konflikte sein. Erste Verweigerungen treten auf, ein erhöhtes unruhiges und impulsives Verhalten erschwert die schulische Integration und kann Anlass für Ausgrenzungen sein. In der Adoleszenz steigt das Risiko adoptierter Jugendliche für psychische Störungen (siehe den Abschnitt »Anja, das Marienkind«, S. 12 ff.). Hintergrund hierfür ist eine neue Phase der Identitätsbildung im Sinne eines zweiten Individuationsprozesses (Blos 1967, 1990). Der Jugendliche muss sich von den in der frühen Kindheit erworbenen Abhängigkeiten befreien und eigene Normen und Werte entwickeln. Wird in dieser Entwicklungsphase die Wut und Enttäuschung über die Eltern wieder belebt, dann kann sich dieses in irrationaler Gewalttätigkeit und narzisstischer Wut äußern: »Eine unvollkommene Welt muss sich entweder beugen oder sie wird zerstört« (Blos 1990, S. 225). Überhöhte Ansprüche und Erwartungen an sich selbst und andere stehen dabei mit traumatischen Verlusten in der frühen Kindheit in enger Beziehung. Stierlin (1994) hat als besonderen Entwicklungstrend im Jugendalter die zunehmende Individualisierung herausgestellt. Entsprechend der vorhandenen Perspektivenvielfalt fällt es dabei dem Jugendlichen schwer, eigene Entscheidungen zu finden und ein stabiles Selbstkonzept zu entwickeln. Der Prozess der Selbstfindung und der Identitätsbildung verlangt ein Gefühl der inneren Gleichheit und Kontinuität, Gegensätze innerhalb der eigenen Persönlichkeit müssen zu einer Synthese gebracht werden, um das Gefühl eines eigenen Lebensstils entwickeln zu können. Da Jugendliche in der Regel Hemmungen haben, »das wirkliche Ausmaß ihrer Ängste, Sorgen und Konflikte mitzuteilen« (Seiffge-Krenke 1986, S. 54), fällt es ihnen zumeist schwer, sich mit ihrem Adoptionsstatus aktiv auseinander zu setzen und eine eigene Identität zu finden. Loslösung von den Eltern als Aufgabe der Adoleszenz bedeutet hier, sich sowohl von den biologischen wie soziologischen Eltern zu distanzieren, um eine wirkliche Ablösung zustande zu bringen (Lehmkuhl und Lehmkuhl 1994a).

Eltern, die ein Kind adoptieren möchten, haben häufig einen langen Weg hinter sich, bis dies schließlich möglich wurde (siehe den Abschnitt »Amtsstube statt Kreißsaal«, S. 30 ff.). Wie dargestellt, gehen sie mit hohen Erwartungen, Engagement und Verantwortungsgefühl an die neuen Aufgaben heran und versuchen, durch intensive Zuwendung bereits Versäumtes auszugleichen. Dieses überbesorgte Verhalten spiegelt auch die unbewussten und irrationalen Ängste wider, das Kind möglicherweise zu verlieren, als Eltern nicht zu genügen oder das Kind nicht für sich gewinnen zu können. Andererseits schafft die Wartezeit auf das Kind Erwartungen, Hoffnungen, Sehnsüchte und formt ein bestimmtes Wunschbild. Entspricht das Kind im Laufe der Entwicklung diesen Vorstellungen seiner Eltern nur ungenügend, weist es Merkmale auf, die sie schlecht akzeptieren können, sind Enttäuschungen, Beziehungsprobleme und Abbrüche die logische Folge. Es kommt zu einer Desillusionierung (Bernard 2000). Erklärungsmuster für Schwierigkeiten und Konflikte können dann zurückgreifen auf die biologische Ausstattung, die frühkindlichen Mangelerfahrungen und Vernachlässigungen, bis es zu den jetzigen Eltern kam, die sich jedoch überfordert und unfähig fühlen, die Situation zu meistern. Adoptionseltern sehen manchmal nur noch das feindselige, abweisende Verhalten ihnen gegenüber. »Dadurch werden ihre Befürchtungen, nicht geliebt zu werden, Versager zu sein, verlassen zu werden, stimuliert und scheinbar bestätigt. Sie können dann offenbar gar nicht mehr die Beständigkeit und Verlässlichkeit der bereits geschaffenen Bindung, welche sich in der Ambivalenz des Adoptierten doch auch manifestiert, erkennen und auf sie vertrauen« (Wieder 1978/1990, S. 39). Nähe und Distanz, Ablösung und Wiederannäherung sind daher Aufgaben, die sich in den verschiedenen Altersphasen immer neu stellen, auf die seitens der Eltern nicht mit Ängsten, Abneigung oder Schuldzuweisungen reagiert werden sollte. Eine weitere wichtige Aufgabe der Adoptionsfamilie besteht in der Entwicklung von Gemeinsamkeiten, Zugehörigkeit und familiärer

Bindung. Auch wenn die Fantasien und die Wünsche vorherrschen, eine ganz »normale biologische Einheit« (Wieder 1978/1990) zu sein, fehlen zumeist gemeinsame äußere Merkmale oder Eigenschaften. Gelingt es, ein Familienbild und -gefühl zu entwickeln, dann hilft dies, die von Brodzinsky (1987, Brodzinsky et al. 1998) formulierten alters- und entwicklungsabhängigen Aufgaben erfolgreich anzugehen. Die vielfältigen Anpassungsprobleme, die durch die Adoption hervorgerufen und aufrechterhalten werden, verlangen eine hohe Bereitschaft aller Beteiligten, Lösungsansätze über eine von der Kindheit bis in das Erwachsenenalter hineinreichende Zeitspanne immer wieder neu auszuhandeln und zu gestalten. Betrachtet man die Entwicklung über den gesamten Lebenszyklus, dann sprechen die Ergebnisse der schwedischen Adoptionsstudie für eine insgesamt gute Bewältigung, auch wenn sie anmahnt, dass wir noch zu wenig über die individuellen Bewältigungsstrategien und Verarbeitungsmuster wissen (Smyer et al. 1998).

Belastende Faktoren und Erklärungsmodelle

Auch wenn sich die Verhaltensmerkmale und Anpassungsmöglichkeiten zwischen adoptierten und nicht adoptierten Kindern und Jugendlichen nicht dramatisch unterscheiden, so stellt das Aufwachsen in einer neuen Familie doch ein erhöhtes Risiko dar (Wierzbicki 1993). Was sind die Ursachen hierfür? Ist es möglich, durch eine bessere Kenntnis der Gründe und Ursachen schwierige Entwicklungen und Lebensläufe zu verhindern bzw. bessere Beratungs- und Präventionsmaßnahmen zu entwickeln? Peters und Mitarbeiter (1999) gehen diesen Fragen anhand der umfangreichen empirischen Ergebnisse über die Entwicklung von Adoptivkindern und ihren Familien nach und stellen verschiedene Erklärungsmodelle zur Diskussion.

Genetische und biosoziale Faktoren

Mit der Adoption wird häufig die Frage verbunden, ob Verhaltens- und Persönlichkeitsmerkmale mehr durch die genetische Ausstattung oder überwiegend durch Umwelt und Erziehungsfaktoren geprägt sind. Dies lässt sich z. B. dann besonders gut differenzieren, wenn eineiige Zwillinge getrennt in verschiedenen sozialen Umgebungen aufwachsen. Aktuelle wissenschaftliche Konzepte spüren jedoch den vielfältigen Interaktionseffekten zwischen Anlage und Umwelteinflüssen nach. Hierbei geht es darum, unter welchen äußeren Bedingungen bestimmte biologische Faktoren mehr oder weniger für das Verhalten mitverantwortlich sind. So wird angenommen, dass durch eine hilfreiche und fördernde Umgebung die Auswirkungen früher negativer Erfahrungen und angeborener Merkmale ausgeglichen werden können, z. B. durch eine gute emotionale Beziehung zu einem Elternteil.

In umfangreichen wissenschaftlichen Verlaufsstudien wurde versucht, angeborene und erworbene Faktoren in ihrer Bedeutung für die Entwicklung zu differenzieren. Bohman und Sigvardsson (1985) verglichen das Verhalten und die emotionale Entwicklung von adoptierten Kindern mit solchen, die bei ihren leiblichen Eltern bzw. bei Pflegeeltern aufwuchsen. Das Ergebnis verdeutlicht, wie differenziert biologische und psychosoziale Belastungsfaktoren zusammenwirken. Das Risiko für Alkoholabhängigkeit und Kriminalität lag z. B. 1,6- bis 1,9fach höher, wenn die biologischen Väter ein solches Verhalten aufwiesen. Auch verstärkte ein starker Alkoholkonsum in den Familien die Häufigkeit von kriminellen Handlungen alkoholabhängiger adoptierter Jugendlicher. Ein entsprechender Zusammenhang mit dem delinquenten Verhalten der biologischen Eltern war hingegen nicht nachweisbar. Häufiger Betreuungswechsel, d. h. instabile emotionale Bindungen, war mit einer erhöhten Delinquenz und verstärkter Alkoholabhängigkeit verbunden. In einer anderen Untersuchung erhöhte sich das Risiko für Delinquenz und dissoziale Verhaltensmerkmale um das 4fache, wenn bei den biologischen Eltern entsprechende Probleme vorlagen. Bestand eine solche Belastung in der Adoptivfamilie, kam es doppelt so häufig zu solchen Auffälligkeiten. Die größte Belastung wiesen diejenigen Jugendlichen auf, bei denen sich biologische und soziale Belastungen addierten. Ein niedriger sozialer Status begünstigt das Auftreten für delinquentes Verhalten besonders dann, wenn bei den biologischen Eltern Delinquenz und Alkoholabhängigkeit vorlagen. Offen bleibt aber, ob spezifische Verhaltensmuster direkt genetisch weitergegeben werden oder ob die biologischen Faktoren lediglich ein allgemeines Entwicklungsrisiko verstärken. In Abhängigkeit von der Belastungskonstellation können dann bereits in der frühen und mittleren Kindheit Verhaltensmerkmale auftreten wie Hyperaktivität und Impulsivität, die wiederum zu einem späteren Zeitpunkt Delinquenz und Alkoholabhängigkeit begünstigen (Rutter et al. 1990). Dies macht die Früherkennung von Risikofaktoren und die Einleitung von entsprechenden Beratungs- und Behandlungsmaßnahmen notwendig.

Schwierige soziale Umstände wirken sich dann besonders negativ aus, wenn das Kind deutliche biologische Belastungen aufweist. Entsprechend geht man heute von einem Interaktionsmodell aus, in dem der Einfluss von biologischen durch psychosoziale Risiken – z. B. in der Adoptionsfamilie – verstärkt wird. Hieraus lässt sich jedoch auch eine optimistische Botschaft ableiten: Auch wenn der genetische Einfluss nicht vernachlässigt werden sollte, ist es möglich, durch eine liebevolle und empathische Umgebung und Versorgung die Entwicklung günstig zu beeinflussen. Dies gelingt jedoch nur dann, wenn die Adoptiveltern beide Einflussseiten sehen können und versuchen, frühe biologische Risiken durch einen entsprechenden liebevollen, aber auch konsequenten Erziehungsstil in ihrem Einfluss zu relativieren. Wie ausgeführt, besteht bei einem nicht kleinen Anteil der Adoptivkinder eine erhöhte Vulnerabilität und Empfindlichkeit, die zu Verhaltensauffälligkeiten und heftigen Reaktionen führen kann. Umso wichtiger ist hier besonders eine unterstützende, wohlwollende und eindeutige Erziehungshaltung.

Häufig bestehen bei den Adoptiveltern große Ängste, dass die emotionalen Probleme ihres Kindes vor allem mit den biologischen Faktoren und frühkindlichen Erfahrungen in Zusammenhang stehen. Die aktuellen Belastungen in der eigenen Familie werden vor allem mit früheren biografischen Ereignissen des Adoptivkindes erklärt und dies führt dann häufig zu der Einschätzung, selbst nicht viel daran ändern zu können (Cohen et al. 1993). Die hierdurch hervorgerufene Ohnmacht und eine sich ausbreitende Resignation können dann die häufig guten sozialen und psychischen Ressourcen und Fähigkeiten in den Adoptivfamilien lähmen. Insofern ist vor allem immer dann rasche Unterstützung und Hilfe angesagt, wenn durch das erste Auftreten ernsthafter Schwierigkeiten der Sinn der Adoption in Frage gestellt wird. Es ist wichtig, den Eltern zu vermitteln, dass eine andere Form der Unterbringung die Probleme zu diesem Zeitpunkt nicht besser löst. Deshalb sollten mittels Beratung und Therapie die Stärken und vorhandenen Ressourcen der Familien aktiviert werden, um ein weiteres Verbleiben des Kindes bei seinen Adoptiveltern zu ermöglichen. (Siehe allerdings auch die Grenzen im Abschnitt »Abgeben oder halten?«, S. 141 ff.)

Das Adoptionsgeschehen als Belastungsfaktor

Trotz sich verändernder gesellschaftlicher Einstellungen kann der besondere Status des adoptierten Kindes und Jugendlichen in der Familie und der Gesellschaft dazu beitragen, dass eine gute Integration in die Familie schwierig ist und Verhaltensauffälligkeiten auftreten. Eine stärkere emotionale Belastung ergibt sich dadurch, dass der Verlust der biologischen Eltern sowie belastende Faktoren in der frühen Entwicklung und Kindheit verarbeitet und bewältigt werden müssen. Hierdurch kann die Bindung an die neuen Eltern erschwert und in Abhängigkeit vom Alter immer wieder neu hinterfragt werden (Peters et al. 1999). Depressive Stimmungen und Symptome, die mit diesen Verlust- und Mangelerfahrungen in Zusammenhang gebracht werden, treten bei adoptierten Kindern vor allem dann auf, wenn in ihrer neuen Umgebung wenig Unterstützung und Verständnis angeboten wird. Die englische Studie von Rutter und Mitarbeitern (2001, 2004) über die Entwicklung rumänischer Adoptivkinder belegt, dass vor allem hyperaktive und impulsive Verhaltensmerkmale sowie eine erhöhte Unsicherheit in sozialen Situationen wesentliche Merkmale derjenigen Kinder sind, die in ihrer frühen Kindheit schwere Entbehrungen durchmachen mussten. Depressive Symptome traten hingegen nicht besonders häufig auf. Diese Veränderungen bringen die Autoren ebenso wie Roy et al. (2000) mit der Unterbringung in Institutionen während der ersten Lebensphase in Verbindung und nicht mit einer mangelnden Ernährung. Diese Schwierigkeiten waren auch nicht abhängig von der Adoptionsherkunft bzw. den Adoptionsumständen, sondern vor allem durch die Unterbringungsdauer in einem Kinderheim oder einer anderen Institution bedingt. Liegen jedoch solche negativen frühkindlichen Betreuungssituationen vor, dann kann es im späteren Verlauf zu kognitiven Leistungseinbußen und geringeren Schulleistungen kommen (Rutter et al. 1998, Roy et al. 2000, O'Connor et al. 2000).

Übereinstimmend berichten die meisten Untersuchungen darüber, dass die von fast der Hälfte aller adoptierten Kinder berichteten Fantasien über ihre biologischen Eltern mit einem erhöhten Risiko für psychiatrische Störungen verbunden sind (Schechter et al. 1964, Peters et al. 1999). Obwohl diese Fantasien eine hohe Belastung darstellen, sind sie andererseits notwendig, um sich mit dem Adoptionsthema auseinander zu setzen und es innerlich zu verarbeiten (siehe den Abschnitt »Königskinder und Auserwählte«, S. 98 ff.).

Für die psychische Stabilität kommt der Akzeptanz und Zufriedenheit mit dem Adoptionsstatus ein besonderer Stellenwert zu. In verschiedenen Untersuchungen wurde deutlich, dass im Alter von fünf bis sieben Jahren vermehrt Anpassungsstörungen auftreten. In diesem Alter wird den Kindern stärker bewusst, dass sie adoptiert worden sind, und sie beginnen, sich mit dieser Tatsache auseinander zu setzen (Rosenthal und Groze 1991, Verhulst et al. 1992). Smith und Brodzinsky (1999) befragten 6- bis 17-Jährige über ihre Einschätzung, Beurteilung und Wahrnehmung der Adoption. Ihre Antworten verdeutlichen, dass sie sich intensiv mit dem Thema beschäftigen, das sich in ihren Gedanken häufig aufdrängt und negative sowie zwiespältige Gefühle hervorruft, während sich die intensive Beschäftigung mit der Herkunft verringert. Auch dieser Befund legt nahe, sich mit der inneren Dynamik und Sichtweise der Betroffenen und ihrem Selbstbild, das sich aus den vordergründigen Verhaltensauffälligkeiten nur begrenzt ableiten lässt, auseinander zu setzen. Obwohl die meisten Kinder und Jugendlichen ihre Adoption insgesamt positiv einschätzen und sie akzeptieren, reagieren sie bei familiären Belastungen empfindlicher und es kommt eher zu krisenhaften Zuspitzungen. Dies kann als Ausdruck eines erhöhten Verunsicherungspotentials interpretiert werden. Über die Qualität der Beziehung zwischen Adoptionskindern und ihren

Eltern bestehen ganz unterschiedliche Einschätzungen. Auch über die Nähe und den Austausch in der Familie existieren divergierende Angaben. In neueren Studien konnte eindrucksvoll nachgewiesen werden, dass sich die Zeitdauer von frühkindlichen Mangel- und Deprivationserfahrungen auf das Bindungsverhalten später Adoptierter negativ auswirkt (Chisholm et al. 1995, Rutter et al. 2001, 2004). Fand die Adoption nach dem zweiten Lebensjahr statt, wiesen drei Viertel der Kinder in einem oder in mehreren Entwicklungsbereichen deutliche Beeinträchtigungen auf. Dies traf auf die besonders benachteiligte Gruppe der rumänischen Kinder zu, während bei den innerhalb von Großbritannien vermittelten Kindern in nur ca. 4 % Bindungsstörungen auftraten.

Nimmt man die Zufriedenheit und das Zusammengehörigkeitsgefühl als Maßstab der Familienqualität, dann finden sich keine Unterschiede zwischen den adoptierten und nicht adoptierten Kindern. Vielmehr scheinen sich die Adoptivmütter verantwortlicher zu fühlen, da sie davon ausgehen, dass die frühkindliche Entwicklung der von ihnen aufgenommenen Kinder besonders belastet war, und sie deshalb die Kontaktgestaltung und Versorgung intensiver gestalten (Rende und Plomin 1992).

Entwicklungsrisiken vor der Adoption

Obwohl eine zusammenfassende Auswertung über die Bedeutung des Alters zum Zeitpunkt der Adoption keinen bedeutsamen Einfluss dieses Faktors auf die weitere Entwicklung feststellen konnte (Wierzbicki 1993), ist die Diskussion hierzu noch nicht abgeschlossen. Wahrscheinlich ist nicht nur allein die Zeitspanne vor der Adoption entscheidend, sondern die damit verbundenen möglichen negativen Erfahrungen und das Ausmaß der Vernachlässigungen. Verhulst et al. (1992) sah eine eindeutige Beziehung zwischen einer Adoption nach dem dritten Lebensjahr und späteren Verhaltens- und Adoptionsschwierigkeiten. In der umfangreichen schwedischen Adoptionsstudie von Bohman und Sigvardsson (1985) konnte ebenfalls die Belastung durch institutionelle Unterbringung und wechselnde Pflegebedingungen und ihre negativen Auswirkungen auf die spätere Entwicklung nachgewiesen werden. Neuere

Erfahrungen mit den aus Rumänien adoptierten Kindern bestätigen diese Ergebnisse und belegen einen deutlichen Alterseinfluss (Chisholm et al. 1995, Rutter et al. 2001, 2004).

Bedeutung der Eltern-Kind-Beziehung

Unabhängig von den Umständen und dem Alter des Kindes bei der Aufnahme in die Familie besteht bei den meisten Eltern eine hohe Zufriedenheit mit der Adoption (Berry und Barth 1996, Lambert und Streather 1980, Reitz und Watson 1992). Wie bereits erwähnt verhalten sich Adoptionsmütter häufig überprotektiv und ängstlich. Sie neigen zu einem inadäquaten und weniger konsequenten Erziehungsstil (Goldberg und Wolkind 1992). Außerdem legen sie größeren Wert auf den Lernerfolg und gute Schulleistungen. Coon und Mitarbeiter (1992, 1993) fanden einen Zusammenhang zwischen diesen höheren Erwartungen und den Verhaltensauffälligkeiten der Kinder (siehe den Abschnitt »Alles für unser Kind«, S. 63 ff.). So schlussfolgern Verhulst und Mitarbeiter (1990), dass ein erhöhter Belastungs- und Stressfaktor bei den Kindern aus dem chronischen Gefühl resultiert, den Erwartungen der Eltern nicht genügen zu können. Entsprechend geht Ripple (1968) von einem engen Zusammenhang zwischen elterlichen Wünschen, ihrer emotionalen Zuneigung und der kindlichen psychosozialen Anpassung aus. Zusammenfassend lässt sich feststellen, dass eine Vielzahl von Informationen und Ergebnissen über die Entwicklung von Adoptionskindern und die möglichen hiermit verbundenen belastenden Umstände vorliegen, die eine kritische Gewichtung verlangen. Hierbei fällt auf, dass eine Adoption zunächst mit möglichen negativen Folgen und einem schwierigen Entwicklungsverlauf in Beziehung gebracht wird. Auch wenn es zutrifft, dass adoptierte gegenüber nicht adoptierten Kindern häufiger mit Verhaltensauffälligkeiten reagieren, entwickelt sich der überwiegende Anteil der Betroffenen positiv und deutlich besser als Kinder, die in einer Institution oder in Pflegefamilien aufwachsen. Adoptionskinder und ihre Eltern schätzen die gemeinsame Familiensituation durchweg positiv ein. Allerdings ist sie auch durch eine überprotektive und leistungsorientierte Haltung der Eltern und ein hohes Bedürfnis nach Kohäsion, d. h. Zusammenhalt, gekennzeichnet. Während die Eltern nicht selten ihre eigenen Erziehungskompetenzen kritisch hinterfragen, bestehen auf Seiten der Kinder Sorgen und Ängste, die an sie gestellten Erwartungen nicht erfüllen zu können (siehe den Abschnitt »Die Anpassungsfalle«, S. 77 ff.).

Adoptivkinder in Psychotherapie

Laut der vorliegenden Literatur werden Adoptionskinder häufiger in ambulanten bzw. klinischen psychotherapeutischen Einrichtungen vorgestellt. Nur vordergründig lässt sich daraus schließen, dass es sich bei ihnen um die schwierigeren und auffälligeren Kinder handelt. Der Befund lässt sich auch dahingehend verstehen, dass Adoptiveltern sensibler auf bereits geringer ausgeprägte Verhaltensstörungen reagieren. Sie nehmen eher Hilfe für sich in Anspruch, können aber auch weniger tolerant mit störenden Symptomen umgehen. Schließlich sind sie schneller bereit, andere Unterbringungsformen anzustreben, wenn das Kind Probleme zeigt oder ihren Erwartungen nicht entspricht (Lewis et al. 1975, siehe auch den Abschnitt »Abgeben oder halten?«, S. 141 ff.).

Die Ergebnisse der verschiedenen Studien lassen sich nur bedingt miteinander vergleichen, sodass eine globale Gewichtung von belastenden bzw. hilfreichen Faktoren nur eingeschränkt möglich ist. Variablen wie Auswahl der befragten Adoptionsfamilien, durchgeführte Erhebungsinstrumente, herangezogene Vergleichsgruppen, Alter der Kinder bei der Adoption, aktuelle familiäre Belastungen, Zeitdauer früherer Vernachlässigungen sowie der Zeitraum zwischen Adoption und Untersuchung sind sehr unterschiedlich. Die Untersuchungen lassen vor allem offen, wie sich das Beziehungsgeschehen zwischen Kindern und Adoptionseltern in Abhängigkeit unterschiedlicher Randbedingungen weiterentwickelt und gestaltet. Wie sehen unterstützende und langfristig positive Beziehungsformen aus, wie gelingt es den Beteiligten, die Adoptionssituation mit ihren jeweiligen Krisen zu bewältigen, und welche Erwartungen sind mit der neuen Familienkonstellation von beiden Seiten verbunden? Es gilt, die spezifischen Eigenschaften des Kindes, seiner Eltern sowie die gegenseitigen Erwartungen, Wünsche und Hoffnungen in ihrer Bedeutung für den weiteren Entwicklungsverlauf zu verstehen. Hier vermögen Einzelfallbeschreibungen eine Lücke zu schließen, da sie uns einen Einblick in die Motive, inneren Verarbeitungsprozesse, die psychischen Konflikte und Ängste vermitteln.

Ein kurzes Beispiel soll diesen Aspekt veranschaulichen. Die jetzt 22-jährige Kim wurde im Alter von einem knappen Jahr aus Südostasien adoptiert. Die Adoptiveltern hatten seit vielen Jahren ihren Kinderwunsch nicht verwirklichen können und nahmen die kleine Tochter mit Begeisterung und hoher Zuwendung auf. Die emotionale und kognitive Entwicklung verlief unproblematisch und es gelang Kim, sich in ihrer sozialen Umgebung ohne Probleme zu integrieren. Sie fand Freundschaften und fühlte sich in ihrer Familie und Umgebung akzeptiert und zufrieden. Das nicht europäische Aussehen bereitete ihr keine Schwierigkeiten. Sie wurde früh über ihre Herkunft und die Umstände der Adoption aufgeklärt. Eine erste schwierige Phase wurde durch die Trennung der Eltern hervorgerufen. Kim war damals 12 Jahre alt und reagierte mit heftigen Verlassenheitsängsten und sozialem Rückzug. In den therapeutischen Gesprächen äußerte sie die Sorge, dass sie eine Mitschuld an der Trennung der Eltern tragen könne und dass sie gerne mit beiden Elternteilen im engen Kontakt bleiben wolle. Dies war jedoch nicht möglich, da der Vater sich zunehmend zurückzog und Treffen mit der Tochter nicht wahrnahm. Es kam zu einer Verstärkung der ohnehin engen Mutter-Tochter-Beziehung.

Die Entwicklung bis zum Abitur verlief ohne größere Krisen. Kim war im Klassenverband gut integriert, erste Freundschaften mit Jungen stärkten ihr Selbstwertgefühl und sie entwickelte Pläne und Ziele für ihre weitere berufliche Zukunft. Mit Beginn des Studiums wurden durch den Wechsel in eine eigene Wohnung und die Trennung von der Mutter alte Ängste aktiviert. Kim fühlte sich der Mutter gegenüber verpflichtet, wünschte weiter ihre Nähe, führte mit ihr lange Telefonate und konnte sich nur mit Mühe von ihr abgrenzen. Zu diesem Zeitpunkt traten auch zum ersten Mal Essstörungen auf. Intensiv beschäftigten sie Fragen über ihre Herkunft, wobei sie sich vorstellte, in ihr Geburtsland zu fahren und nicht einmal die Sprache zu verstehen, dort mit gleichem Aussehen als Fremde zu erscheinen. Enge Partnerschaften gelangen ihr nur kurzfristig. Sobald die Freundschaften sich emotional verbindlicher und näher gestalteten, über eine gemeinsame Wohnung nachgedacht wurde, zog sie sich zurück und beendete die Kontakte. Sie brachte dies selbst mit ihren frühen Trennungserfahrungen in Zusammenhang und sah darin einen Schutz vor schmerzhaften Verlassenheitsängsten. Diese Gefühle hatte sie weder in Bezug auf ihre biologischen Eltern und nur kurzfristig beim Auszug des Adoptivvaters zugelassen, sodass Trauerarbeit über die Verluste nicht erfolgt war. Auf besondere Weise verstärkten sich bei ihr die verschiedenen adoptionsabhängigen und -unabhängigen Belastungsfaktoren und erschwerten trotz einer sonst guten psychosozialen Anpassung ihre weitere Autonomieentwicklung.

Bei aller Anschaulichkeit des Einzelfalls ist hinsichtlich einer Generalisierung auf die gesamte Gruppe der adoptierten Kinder Vorsicht geboten. Fallbeispiele können aber den Blick für wiederkehrende Konfliktmuster und Problembereiche schärfen. Hierzu gehört auch, dass der Fokus nicht nur auf die wenig erfolgreichen und belasteten Biografien gelegt wird, sondern aus den gelungenen Lebensentwürfen abgeleitet werden kann, welche Umstände günstig und erfolgversprechend sind.

Die gesellschaftliche Dimension der Adoption

Das fremde »Wunschkind«

Sichtermann und Leggewie (2003) haben mit ihrem Buch *Das Wunschkind* die Diskussion um »das fremde Kind und die Familie von heute« neu entfacht und hierbei eine »Lanze für die Adoption« gebrochen. Sie verlangen eine »Lobby für die Adoption« und sehen in ihr ein Modell der heutigen Familie im Allgemeinen. Adoption mutiert nach ihrer Meinung zu einem Schlüssel sozialer Elternschaft, zu »einer Variante unter vielen künstlichen Familienbanden, die heute möglich sind«. Und so überrascht es nicht, dass die Autoren Adoptionen in ihrer »vermeintlichen Künstlichkeit« als perfekten Ausdruck einer »postmodernen Familienstruktur« verstehen,

»die Zuwendungen und Zumutungen, Rechte und Pflichten nicht mehr auf Abstimmung und Blutsverwandtschaft zurückführt«. Nach diesem Verständnis und ethischem Anspruch übt die Adoption in idealer Weise »neue Formen gesellschaftlichen Zusammenhalts und sozialer Solidarität ein, bei denen wir auch nicht mehr auf ethnische Herkunft und familienartige Gemeinschaft zurückgreifen können, sondern uns allesamt als ›Fremde‹ begegnen. Das wäre gut für eine Welt, die ökonomisch, politisch und kulturell zu ›einer E-Welt‹ zusammenwächst« (Leggewie 2004, S. 110). Hier wird die Adoption mit idealistischen Zielen und fernen Perspektiven überfrachtet, an denen sie nicht gemessen werden sollte und die sie absolut überfordern. Denn für die Betroffenen leitet sich hieraus keine Entlastung, Ermutigung oder Hilfe ab. Die gesellschaftliche Metaebene übersieht schlicht die sich alltäglich stellenden zu bewältigenden Aufgaben und Probleme einer besonderen Familienkonstellation und -geschichte, die es immer wieder neu zu meistern gilt. Die Austauschbarkeit von Familiensystemen und -zusammensetzungen nach dem Motto »anything goes«, wie sie bei Leggewie und Sichtermann anklingt, propagiert eine Beliebigkeit, die sich gerade für Adoptionsfamilien als fatal erweisen würde. Hier braucht es besondere Formen der Nähe und Distanz in wohl dosiertem Ausmaß, eine verlässliche Haltung, die auch das Austesten und Hinterfragen von Beziehungen aushält. Fantasien, Befürchtungen und ambivalente Gefühle stellen eine Herausforderung dar, die mit zunehmendem Alter der Kinder und Jugendlichen einen immer größer werdenden Raum einnehmen und zu Irritationen auf beiden Seiten führen können. Man gehört zusammen, aber es gibt auch etwas Drittes, das mitgedacht und mitgefühlt wird. Leggewie (2004, S. 108) bedauert, dass sich Adoptiveltern in der Regel damit begnügen, »den eigenen Wunsch nach einem Kind zufrieden zu stellen«, und kritisiert: »Hernach kümmern sie sich wenig um das gesellschaftliche Umfeld, obwohl es ihnen das Leben mit dem fremden Kind verdammt schwer machen kann.« Hier unterschätzt er jedoch die individuellen, von der Familie zu lösenden Aufgaben, zueinander zu finden, und überschätzt die negativen öffentlichen Reaktionen mit ihren Auswirkungen auf die Familie.

Die umfangreiche empirische Literatur geht davon aus, dass durch eine Adoption die Entwicklungschancen der meisten betroffenen Kinder verbessert werden. Dennoch stellt sie einen psychologischen Stressfaktor dar, der Eltern wie Kinder gleichermaßen berührt und gemeinsam auszuhalten und zu bewältigen ist. Das erhöhte Risiko für psychische Auffälligkeiten und Entwicklungsschwierigkeiten lässt sich nur durch ein hoch komplexes Ursachengefüge erklären, das Belastungsfaktoren vor und nach der Adoption mit einschließt. Insofern kann bei einem Scheitern oder enttäuschenden Verlauf weder auf »schlechte Gene« noch auf »unfähige Adoptiveltern« geschlossen werden. Eine differenzierte Sicht auf das Zusammenspiel der verschiedenen Bereiche wäre wünschenswert und notwendig, um adäquate Präventions- und Interventionsprogramme zu entwickeln.

Darüber hinaus hilft es wenig, die Adoption als eine Variante sozialer Elternschaft zu preisen, die mehr als jede andere »ein Wunschkind ins Zentrum stellt« (Leggewie 2004, S. 104). Die Motive und Erwartungen der Eltern sind vielfältig, offen und versteckt, altruistisch und selbstbezogen, aber auf jeden Fall wird sich das Kind an ihnen messen müssen. Die aufgezeigten Fallbeispiele in den zurückliegenden Kapiteln veranschaulichten den möglichen subtilen Variantenreichtum. Andererseits fragen sich die Eltern häufig, ob sie der Aufgabe gewachsen sind oder an ihr scheitern werden. Da hilft ein »strenger Eltern-TÜV« nur bedingt. Wichtig wäre nicht eine neue »Adoptionskultur« mit rechtlichen Ansprüchen und Absicherungen, sondern eine an den kindlichen Bedürfnissen orientierte und sie in den Mittelpunkt stellende respektvolle Haltung. Nicht der Anspruch einer postmodernen Familienpolitik auf ein Recht auf Adoption sollte im Zentrum stehen, sondern die persönliche Prüfung und Entscheidung, ob Erwartungen, Motive und Wünsche angemessen und realisierbar sind. Verantwortlichkeit und Respekt vor der nicht leichten Aufgabe sollten vor allem Anspruchsdenken stehen. Letztlich geht es nicht um eine gesellschaftliche, sondern um eine sehr persönliche Entscheidung und Aufgabe, die bewältigt werden muss.

V. Das Abenteuer bestehen

Abgeben oder halten?
Über versteckte Trennungen und offene Beziehungspausen

Dies ist ein heikles Kapitel. Viele Aussagen werden zum Widerspruch reizen – nicht aus Lust an Provokation, sondern wegen der Ambivalenz des Themas. Das leitet sich von einer Lebenserfahrung ab, die jedes Adoptivkind mitbringt: abgegeben und angenommen worden zu sein (siehe auch den Abschnitt »Schuldgefühl und Wiedergutmachung«, S. 69 ff.). Während die Verlustängste leiblicher Kinder in der Regel auf entwicklungsüblichen Fantasien beruhen und dort auch abgehandelt werden können, fußen sie bei Adoptivkindern auf ganz realen Erfahrungen.

Kind wie Eltern möchten, dass sich die böse Erfahrung des Weggegebenwerdens nie mehr wiederholt. Jeder Gedanke an Trennung wird ausgeklammert. Am liebsten möchte man das Thema »Abgeben« tabuisieren. »Das kommt nicht mehr in Frage«, lautet der Vorsatz auf beiden Seiten. Und dennoch passiert genau das in den Folgejahren häufig, mal nur als Wunsch, mal als konkrete Tat.

Konkrete Fakten sind beispielsweise den Belegzahlen von stationären Einrichtungen zu entnehmen. Auch wenn unter dem früheren »Heimbegriff« heute differenzierte Formen von voll- und teilstationärer Unterbringung, betreute Wohnformen oder medizinisch-therapeutische Maßnahmen zu verstehen sind, weisen doch alle genannten Einrichtungen einen Prozentsatz von Adoptiv- und Pflegekindern auf, der den Anteil dieser Kinder an der Gesamtpopulation (etwa ein Prozent) erheblich übersteigt.[16] Gemeint sind, wohlgemerkt, nicht die zur Adoption freigegebenen Kinder, sondern solche, die bereits vermittelt sind und nun (wieder) eine Einrichtung besuchen.

Abgegeben werden die Kinder auch in subtiler Form. »Weitervermittelt« heißt das neutral formuliert. Gemeint ist, dass heilpädagogische Heime überproportional viele Kinder aufnehmen, die zuvor in ambulanten Therapien waren, die sich als nicht ausreichend erwiesen hatten.[17] Im Klartext: Die Therapeuten fühlten sich dem Kind offenbar genauso wenig gewachsen wie einst die leiblichen Eltern, wenn auch aus völlig anderen Motiven, auf anderem Niveau und unter anderer Dynamik. Versteckte Formen des Abgebens verbergen sich auch hinter zahlreichen Schulwechseln der Kinder. Nicht zuletzt darf eine subtile Art des Abgebens im Delegieren an Fachleute gesehen werden. Denen werden adoptierte Kinder deutlich häufiger als nicht-adoptierte vorgestellt (siehe S. 136).

Die aufgezählten Tatsachen können nicht pauschal bewertet werden. Ob hinter der Konsultation von Fachautoritäten ein Bemühen um qualifizierte Hilfe steckt oder ein Abschieben von Verantwortung, kann nur im Einzelfall beurteilt werden. Wichtig ist es, die mögliche Wirkung solcher Maßnahmen auf das innerpsychische Erleben des Kindes nicht aus den Augen zu verlieren. Nur so lässt sich eine Güterabwägung treffen, wenn es um Entscheidungen geht, die nie nur ideal sein können. Ähnlich wie in der Pharmazie lässt sich auch von pädagogischen und therapeutischen Interventionen sagen, dass es »kein Medikament ohne Nebenwirkungen« gibt. Das wird schon am simplen Beispiel eines Schulwechsels deutlich. Da mögen Eltern vom Förderkonzept einer Bildungseinrichtung ganz besonders angetan sein, weil Ausstattung und Curriculum überzeugen. Ihr Kind nach dort wechseln zu lassen, kann dennoch eine Fehlentscheidung sein, wenn es den Verlust der bisherigen Schulgemeinschaft nicht verschmerzt. Isoliert und unglücklich kann es auf der neuen »Superschule« keine Fortschritte machen.

Empathie ist wichtiger als Erziehungsmanagement

Natürlich sollte die Wahl einer Schule langfristig nicht nur von den »netten Klassenkameraden« abhängig gemacht werden. Sozialgruppenwechsel sind im Allgemeinen durchaus zumutbar. Wichtig ist zu verstehen, dass bei einem Kind mit realen Beziehungsabbrüchen im »Lebensgepäck« der soziale Aspekt nicht zu unterschätzen ist. Bindungssehnsüchte treten bei ihm in anderer Intensität auf und Abbrüche werden heftiger gefürchtet, als das bei anderen Kindern der Fall ist. Ebenso aufmerksam sollten Eltern bei solchen Entscheidungen auf ihre eigene Gefühlsbeteiligung achten, vor allem auf das Verhältnis von Kopf zu Bauch. Während Kinder – seelisch verletzte erst recht – dem Bauch gehorchen, treffen Adoptiveltern in bester Förderabsicht die Wahl eher kopfgesteuert. Dem wäre an sich zwar nicht zu widersprechen, die Beteiligten erleiden damit jedoch oft Schiffbruch.

Nach der Empathie der Eltern darf auch gefragt werden, wenn die Lebensläufe adoptierter Kinder eine lange Liste ausgeführter Operationen enthalten. Zunächst scheint es lobenswert, wenn Adoptiveltern – gerade die von sehr vernachlässigten Kindern – erst einmal eine medizinische Basisversorgung anstreben. Da werden Paukenröhrchen in die Ohren eingesetzt, Sehmuskeln gegen Schielen korrigiert oder es wird ein Hodenhochstand behoben. Alles sehr wichtig, alles notwendig. Es ist jedoch nicht zu unterschätzen, wie solche Eingriffe von einem Kind mit problematischer Vorgeschichte erlebt werden. Gerade Operationen am Kopf und an den Geschlechtsteilen können als sehr aggressiv erlebt werden, wenn man sie altersbedingt noch nicht erklären kann. Hinzu kommen die Narkosen: Welche »Mama-Bilder« kann ein Kind mitnehmen, wenn es in künstlichen Schlaf versetzt wird? Auf welches »Papa-Gesicht« ist Verlass, wenn es wieder aufwacht? Kommen die Menschen – so seine Befürchtung – auch wieder, die es im Krankenhaus an andere abgegeben haben? Die Erfahrungen der Vergangenheit vermitteln jedenfalls kein Gefühl der Sicherheit.

Bei allen pädagogischen und medizinischen Entscheidungen wird die Frage berücksichtigt werden müssen, wie stabil und konstant das Kind die neue Beziehung erlebt. Das ist nicht zu messen, sondern nur zu fühlen. Wie sicher sind sich aber die Eltern ihrer Gefühle? Wie sicher sind sie darin, die Sprache ihres neuen Kindes zu verstehen? Grammatische Fremdsprachen sind für sie vielleicht leichter zu lernen als die emotionalen Fremdsprachen. Denn da geht es mehr um »Signalkunde« als um Sprache: Es gilt, Signale des Kindes zu erkennen, zu verstehen, Doppeldeutigkeiten herauszufiltern. Das ist schon für die Eltern leiblicher Kinder nicht immer leicht. Mitunter holen sie sich dann »Dolmetscherhilfen« bei den Großeltern: »War ich früher auch so?« Erst recht ist es nachzuvollziehen, wenn Eltern, die ohne neunmonatige körperliche Vorlaufzeit ihr Kind bekommen haben, solche Dolmetscherhilfen wünschen. Doch wer gibt sie? Sie sehen sich auf sich selbst zurückverwiesen, und zwar auf einen Bereich, den sie bei all den Jugendamts- und Gerichtsterminen, bei aller vorbereitenden wirtschaftlichen und pädagogischen Logistik bislang am wenigsten beansprucht sahen: ihre Empathie.

Empathie lässt sich weder planen noch einfordern, allenfalls wünschen und erarbeiten. Es ist schon hilfreich, wenn Eltern sich hier richtig einschätzen können, wenn sie es wichtig finden, ihre emotionalen Stärken und Schwächen abzuklopfen, wenn sie sich gegenseitig darüber verständigen, und sei es, dass sie sich nur ihre Unsicherheit eingestehen. Fatal ist hingegen vorgetäuschte Selbstsicherheit. Gerade die vernunftbetonten Eltern wiegen sich in der Sicherheit ihrer Macher-Attitüde. An die Aufnahme eines deprivierten Kindes gehen sie – in bester Absicht – heran wie an die Renovierung eines Altbaus. Sie wissen, dass viel auf sie zukommt, dass sie viel investieren müssen. Dazu sind sie bereit, die Abfolge der nächsten notwendigen Schritte haben sie schon vor Augen. Das sind die Ehepaare, die glauben, nach einer medizinischen Rundumversorgung, nach Sprach- und Motoriktraining müsste sehr bald ein Punkt erreicht sein, an dem sie mit ihrem Kind in ihr Haus, in ihr neues Familienleben einziehen können. Sie meinen das keineswegs herzlos. Und dennoch klingt es für Außenstehende auch nach Jahren noch so, als berichteten sie von der Herstellung eines Artefakts, als erzählten sie von einem medizinischen oder psychotherapeutischen Fall.

Schwerst vernachlässigte Kinder benötigen besonders viel an Nachversorgung und Nachsorge. Die Tücke liegt darin, dass das Engagement, mit dem diese geleistet wird, vortäuscht, hiermit sei alles getan. In Wirklichkeit wird lediglich eine Betriebsamkeit gepflegt, die von Auseinandersetzungen auf der emotionalen Ebene ablenkt. Dazu kann auch die Verdrängung der Traurigkeit darüber gehören, dass man keine »eigenen« Kinder bekommen konnte. Die Kränkung über eine biologische Kinderlosigkeit wird mit dem Einsatz für ein Adoptivkind nämlich nicht behoben, sondern allenfalls unterdrückt. Um sich mit ihr auszusöhnen, braucht es keinen Aktionismus. Da sind Zulassen, Besprechen, Durcharbeiten der Gefühle gefragt. Auch hierbei sind den Paaren – bei Bedarf –

Begleiter und »Dolmetscher« zu wünschen. In einigen Fällen hält der Einsatz für das Kind auch eine brüchige Partnerschaft zusammen. Die zu retten wird durchaus als Grund für einen Adoptionswunsch genannt.[18] Doch ein Kind kann als »Partnerkitt« nicht erfolgreich sein. Das macht unter anderem nachvollziehbar, warum die Scheidungsrate bei Adoptiveltern höher ist als bei anderen Paaren (Bohman et al. 1980).

Wenn Trennung dennoch nötig ist

Nichts im Adoptionsverhältnis scheint schlimmer zu sein als eine erneute Trennung von Eltern und Kind. Dennoch ist in bestimmten Situationen eine solche angeraten – zumindest vorübergehend. Besonders in der Pubertät werden die Schwierigkeiten zwischen Eltern und Kind manchmal so unerträglich, dass eine Trennung notwendig ist. Die meisten Adoptiveltern wollen diesen Rat zunächst nicht annehmen. Er ist zu enttäuschend und scheinbar schuldzuweisend. Er kommt ihnen vor wie ein pädagogischer Offenbarungseid, wie eine psychische Bankrotterklärung, und frustrierend ist für sie die Vorstellung, alle bisherigen Mühen würden damit null und nichtig. Schuldgefühle macht er, weil sie fürchten, ihr Kind werde die Trennung als erneutes Abschieben erleben. Oft genug werfen die Kinder ihnen das dann ja auch vor.

Es lohnt jedoch, die Möglichkeiten einer vorübergehenden Heim-, Internats- oder Wohngruppenunterbringung differenziert zu betrachten. Zuerst sei noch einmal betont, dass sie wirklich nur bei einer Zuspitzung der Konflikte und einer festgefahrenen Problemlage angeraten ist, was jedoch subjektiv zu sehen ist. Es gibt keine allgemein verbindlichen Messlatten, die angeben könnten, wie schwer die Probleme sein dürfen. Ausschlaggebend sind vielmehr die ganz persönlichen Ressourcen, über die die am Konflikt Beteiligten verfügen. Die Frage ist, wie viel sie aushalten können, wie viel Veränderungskräfte sie aufbringen können und wollen. Wenn hier alles erschöpft scheint, ist es legitim, über eine Trennung nachzudenken – um die Beziehung zu retten. Das mag paradox klingen, findet seine Logik aber in der Ambivalenz der Gefühle, die bei Problemlagen zwischen Eltern und Adoptivkind hochkommen.

Liebevolle Helferimpulse der Eltern können plötzlich in Wut und Ablehnung umschlagen, und aus enttäuschten Anlehnungswünschen des Kindes können Impulse zum Weglaufen werden. Solche Aspekte gelten übrigens in jeder Eltern-Kind-Beziehung. Im Adoptionsverhältnis erscheinen sie wegen der trennungstraumatischen Vorgeschichte der Kinder aber als besonders gravierend. Mitunter überfordern sich beide Seiten – Kind und Eltern –, indem sie jegliche Gedanken an Trennung tabuisieren. Das kann jedoch nicht lange durchgehalten werden, denn aufgestaute Affekte brechen sich irgendwann Bahn.

Bei wiederholtem Ausbruch aufgestauter negativer Gefühlsanteile drohen die guten unterzugehen. Dies gilt es zu verhindern. Konkret: Wenn beispielsweise die tägliche Schularbeitenüberwachung permanent in einen Kleinkrieg zwischen Mutter und Kind ausartet, drohen Zorn und Wut so zu generalisieren, dass beide Seiten nur noch abwertend und hasserfüllt an den anderen denken können. Schon der Gedanke daran, dass nach der Schule der tägliche Kampf einsetzt, lässt beide Beteiligten das Gegenüber mit Schrecken erwarten. Am besten wäre es, man ginge sich aus dem Weg. Ähnliche Probleme kann es wegen Taschengeld, Ausgehzeiten, Kleidung und vielem mehr geben. Das sind allesamt nur Teilbereiche der familiären Interaktion. Doch steht wegen eines solchen Teilkonflikts die ganze Beziehung auf dem Spiel, ist der Preis für einen Sieg in diesem Bereich zu hoch. Beide Seiten können sich in eine radikale Trotzigkeit hineinsteigern, die nicht nur unangemessen ist, sondern vor allem auch Schuldgefühle macht. Diese werden jedoch erst später wahrgenommen. Das sind dann die Momente der Rückschau im Leben, in denen einem die Entgleisungen Leid tun und man so gerne das Ganze noch einmal neu aufrollen möchte.

Kein Konflikt zwischen Eltern und Kind ist so gravierend, dass er alles bisher Positive auslöschen kann. Was an gegenseitiger Liebe und Zuwendung erfahren wurde, wird als »psychisches Kapital« Bestand haben. In der aktuellen Konfliktsituation ist das jedoch nicht immer abrufbar. Mitunter kann es erst Jahre später gesehen werden, nachdem die Kränkungsschichten abgearbeitet wurden. Bei einem Adoptionsverhältnis ist der Blick für das Positive zusätzlich dadurch verstellt, dass die Kinder mögliche Erinnerungsspuren an das einst reale Ausgestoßenwerden unbewusst auf den aktuellen Streit übertragen. Die Adoptiveltern können ihrerseits meist nicht auf hilfreiche Erfahrungen mit leiblichen Kindern in vergleichbaren Situationen zurückgreifen und neigen dann dazu, entweder sich selbst des erzieherischen Versagens zu bezichtigen, oder sie entlasten sich damit, dass sie nun doch »vor den fremden Genen« kapitulieren müssen. Alle diese Reaktionen sind problematisch, weil sie die tatsächliche, konkrete Beziehung verlassen. Man müht sich anscheinend zwar weiterhin umeinander, kämpft aber gegen unbekannte, weil unbewusste Größen.

In solchen verstrickten Situationen kann eine Trennung hilfreich sein. Dabei geht es nicht um eine Aufkündigung des Eltern-Kind-Verhältnisses, sondern um eine vorübergehende, phasenweise räumliche Trennung. Sie kann den Blick für die guten Bindungsanteile wieder freimachen. »Früher waren die Wochenenden der blanke Horror«, sagte eine Mutter, deren jugendlicher Adoptivsohn nun ein Internat besuchte. »War schon die Woche ein einziger Kampf um Schularbeiten- und Computerzeiten, so haben wir uns am Wochenende nur noch angeschrien, weil ich nicht aushalten konnte, wenn er in seinem Zimmer bei diesem elektronischen Schrott saß. Mein Mann hatte schon resigniert und flüchtete sich immer mehr in seine Hobbys.« Die Klage dieser Mutter ist ebenso prototypisch wie folgende Bemerkung, mit der sie – nach anfänglich heftigem Sich-Sträuben gegen die Trennung – ihre familiäre Situation nach dem Wechsel des Jungen in ein Internat kommentierte:

»Jetzt freuen wir uns, wenn er alle 14 Tage an den Wochenenden zu uns kommt. Schon wenn wir ihn am Bahnhof abholen, merken wir, dass wir den alten Kampf nicht kämpfen müssen. Er ist zwar unter der Woche immer noch viel mit Computerspielen beschäftigt und mit Freunden unterwegs, aber wir merken, dass er sich irgendwie auf zu Hause freut. Mein Mann und er machen sogar gelegentlich etwas gemeinsam. Letztens haben die beiden das alte Kinderzimmer neu gestrichen. Es ist jetzt eine richtig schöne Jugendlichenbude geworden.«

Trennungen durch Internats- oder Heimaufenthalte geschehen nicht um der Trennung willen. Es geht vielmehr darum, die »guten Anteile« einer Eltern-Kind-Beziehung zu retten, indem die »schwierigen Anteile« vorübergehend an externe Erziehungsprofis delegiert werden. Beide Seiten bleiben dabei in ihren Rollen der Eltern und des Kindes. Die Beziehung bleibt existent, auch wenn sie über viele Kilometer hinweg aufrecht gehalten werden muss. »Ich habe ein Kind, wenn auch ein schwieriges«, kann sich der Elternteil sagen. »Ich habe Vater und Mutter, wenn auch furchtbar nervige«, kann sich der Jugendliche sagen. Das ist noch nicht sehr schön, doch es ist unendlich mehr, als nur ein Loch, eine Leere, ein psychisches Niemandsland zu verspüren. Beziehungen bleiben existent, auch wenn sie momentan belastet sind und über eine große Entfernung gestaltet werden müssen. Sie können jedoch zerbrechen, wenn sie keine Entlastungsmomente mehr finden. Enttäuschung, Wut, gar Hass schütten dann das einst mühevoll Aufgebaute auf lange Jahre zu.

Wenn wir die Adoptivfamilien befragen, die früher bei uns in Beratung waren, wie sie die Trennung durch Internate und ähnliche Einrichtungen aus der Rückschau betrachten, dann werden diese Jahre vielfach kritisch bewertet. Es ist eine gewisse Enttäuschung und Traurigkeit herauszuhören, dass es damals nicht anders ging. Eltern zweifeln, ob sie sich nicht hätten mehr anstrengen müssen – oder lockerer sein sollen. Und auch die inzwischen 25- bis 40-jährigen Kinder grübeln, warum es damals zu Hause nicht mehr ging. Wenn ihnen dabei bewusst wird, wie selbstverständlich sie dennoch von »zu Hause« sprechen, wirkt das wie ein spätes »Aha-Erlebnis«. »Soviel Mist, wie ich damals gebaut habe, würde ich bei meinen Kindern nicht aushalten«, sagte der 40-jährige Martin rückblickend über seine Schuljahre als Adoptivkind. Die Lösung, ihn während der Klassen sechs bis zehn in ein Internat zu geben, sieht er im Nachhinein als richtig an: »Ich wäre sonst wohl rausgeworfen worden oder selber von zu Hause abgehauen und kriminell geworden.« Das Gefühl, abgeschoben zu werden, sei zwar immer wieder hochgekommen, doch heute könne er vernünftigerweise einen anderen Gedanken dagegenhalten. Wenn er bedenke, wie viel Geld die Eltern damals für das Internat aufbrachten, dass die Mutter nebenbei dafür arbeiten ging, dann müsse er ihnen doch auch viel bedeutet haben: »Für ein ungeliebtes Kind tut man das doch nicht.« Auch im Nachhinein fiel beiden Seiten, Martin und Eltern, keine Alternative ein, was sie damals, »als es so schlimm war«, hätten anders machen sollen. Vor allem die Eltern meinten, dass das Beziehungsband kurz vor dem Zerreißen gestanden habe. Nun, fast eine ganze Generation weiter, stünden sie weiterhin zu ihrer Elternrolle. Beispielsweise fühlten sie sich zur finanziellen Unterstützung ihres schon erwachsenen Kindes aufgerufen, wenn dieses wegen problematischen Konsumverhaltens in eine Schuldenfalle geriet. Schön seien die seltenen gegenseitigen Besuche – und die Hoffnung, irgendwann einmal Großeltern zu werden. Die übergangsweise Trennung habe nicht das Gefühl verhindert, eine Familie zu sein, wenn auch eine komplizierte. Vielleicht hat sie es retten können?

Die Rahmenbedingungen
Lassen sich »Standards« für eine Adoption definieren?

Welche Schlussfolgerungen lassen sich aus den dargestellten Fallbeispielen, den empirischen Ergebnissen zum Adoptionsverlauf sowie den Auswirkungen für die neu gegründete Familie ziehen? Wichtig erscheinen zunächst die Rahmenbedingungen der Adoption. Wie Sorosky und Mitarbeiter (1982) ausführen, kommen Adoptionsbewerber in der Regel aus der bürgerlichen Mittelschicht und haben entsprechende Vorstellungen und Erwartungen. So sei es für sie oft schwer zu verstehen, dass nicht für sie ein Kind, sondern für Kinder Eltern gesucht werden. Insofern besteht ein erster wichtiger Schritt darin, dass die Eltern ihre Erwartungen mit der Vermittlungsrealität und insbesondere mit dem Vermittlungsverfahren soweit wie möglich in Übereinstimmung bringen. Primär geht es um das Kindeswohl und um die dauerhafte Integration des Kindes in eine neue Familie. Dies bedeutet, dass sich durch die Annahme des Kindes zwangsläufig auch dessen persönliche Situation in allen ihren maßgeblichen Facetten zumindest verbessern muss. Hierzu gehören insbesondere Liebe, Fürsorge und Geborgenheit für das Kind, und diese Werte sind auch im Rahmen einer Adoption von den Adoptionseltern zu fordern (Röchling 2000). So führt auch Salter (2002) aus, dass die Bedürfnisse und Wünsche, das Wohlbefinden und die Sicherheit der betroffenen Kinder im Zentrum des Adoptionsprozesses stehen sollten. Wird eine Adoption geplant, ist ein Zeitplan zu entwerfen, der in einem angemessenen Ablauf Empfehlungen und Anforderungen für die Adoption definiert. Hierbei sollten vor allem die individuellen Bedürfnisse des Kindes mit einbezogen sein und bei der Auswahl der Eltern darauf geachtet werden, dass diese – soweit dies anhand von Informationen und Kriterien möglich ist – mit den Anforderungen des Kindes weitgehend übereinstimmen.

Beispiel England

Die nationalen Adoptionsstandards von England schreiben unter anderem folgendes Vorgehen vor:
Bei jedem Kind sind die Wünsche und Gefühle festzuhalten und mit in die Entscheidung einzubeziehen. Wenn dies nicht umgesetzt werden kann, sollen die Gründe dafür dem Kind angemessen erklärt und dokumentiert werden. Die Kinder sollten entsprechend ihrem Entwicklungsstand und Alter auf die neue Familie gut vorbereitet werden. Hierzu gehört eine klare angemessene Information über ihre leibliche Familie und ihr Leben vor der Adoption sowie Angaben über ihre Adoptiveltern. Das Finden angemessener Adoptivpersonen verlangt eine besondere Anstrengung, und es ist darauf zu achten, dass für die betroffenen Kinder innerhalb einer angemessenen Zeit für sie passende Adoptiveltern gefunden werden, die ihren Bedürfnissen am besten entsprechen. Hierbei sind besondere Gesichtspunkte zu beachten wie ethnische Zugehörigkeit, kultureller Hintergrund, Religion und Sprache. Wenn vorhanden, sollte darauf geachtet werden, dass Geschwister zusammenbleiben, es sei denn, dies entspricht nicht ihren individuellen Bedürfnissen. Die Empfindungen, Wünsche und Gefühle des Kindes und sein Wohlbefinden, seine Stabilität sind die wichtigsten Kriterien, wenn

überlegt wird, ob Kontakt zu den leiblichen Eltern hergestellt werden soll.

Bei der Adoptionsplanung ist für alle Beteiligten transparent und nachvollziehbar festzulegen, ob und wie eine Verbindung zu den leiblichen Eltern aufrechtzuerhalten ist bzw. zu weiteren früheren Bezugspersonen, die vom Kind als wesentlich erachtet werden. Darüber hinaus sollte ein Zeitplan existieren, wann und unter welchen Bedingungen diese Arrangements noch einmal zu überprüfen sind.

Für zukünftige Adoptiveltern sehen die Standards vor, dass sie ohne Vorbehalt und Vorurteile von den zuständigen Vermittlungsstellen akzeptiert werden. Sie haben einen Anspruch auf sofortige Rückmeldung und klare Informationen bezüglich der Einschätzung und der Zustimmung der mit der Adoption betrauten offiziellen Stellen. Sie sollten fair, offen und mit Respekt während des gesamten Adoptionsprozesses behandelt werden. Hierzu gehören Informationen darüber, wie und wann bestimmte Anforderungen zu erfüllen sind und auf welche Vorbereitungsmaßnahmen und Unterstützungsleistungen sie Anspruch haben. Sie sollten ermutigt und angeregt werden, Kontakt zu anderen Eltern aufzunehmen, die bereits Kinder adoptiert haben.

Nach den englischen Standards werden Bewerber danach ausgesucht, inwieweit sie die Fähigkeit dazu haben, Kindern eine sichere und verantwortungsvolle Umgebung zu gewährleisten, um den Entwicklungsbedürfnissen und Notwendigkeiten gerecht zu werden. Gegenüber potenziellen Adoptiveltern sollten der weitere zeitliche Ablauf transparent gemacht und regelmäßig Rückmeldungen über Stand und Ergebnis anstehender Entscheidungen gegeben werden. Sie sollten ausreichend Informationen erhalten, um ein Verständnis für die Bedürfnisse und den biografischen Hintergrund des Kindes entwickeln zu können. Es sollte ihnen Gelegenheit gegeben werden, die möglichen Konsequenzen einer Adoption ausreichend zu diskutieren, um sich über die Auswirkungen und Folgen dieser Entscheidung für sich und ihre Familie klar zu werden. Die angebotenen Hilfen müssen praktische Unterstützungen ebenso wie Beratung beinhalten, darüber hinaus sind finanzielle Ressourcen und Vermittlung von Kontakten zu anderen Adoptiveltern bereitzustellen. Gemeinsam sollte überlegt werden, wie der zu Beginn festgelegte Adoptionsplan umgesetzt werden kann und wie am besten Kontakte und Verbindungen mit leiblichen Verwandten ermöglicht bzw. gestaltet werden können.

Die besonderen Bedürfnisse von Adoptivkindern

Bei erfolgter Adoption ist es wichtig, die folgenden drei Aspekte besonders zu beachten:
- Welche physischen und emotionalen Bedürfnisse stehen beim Kind im Vordergrund?
- Welche sozialen Situationen gilt es gemeinsam zu meistern?
- Welche Gefühle und Reaktionen löst die Adoption in der Familie aus?

Die emotionalen und körperlichen Schwierigkeiten, die bei adoptierten Kindern in der ersten Zeit vorhanden sind, verlangen häufig spezielle Hilfen und Unterstützung. Nicht selten liegen Entwicklungsrückstände vor, deren Diagnostik und Behandlung z.B. in Frühförderzentren, in Beratungsstellen oder über den Kinderarzt zu erreichen oder einzuleiten sind. Häufig treten in dieser ersten Phase auf Seiten der Eltern Unsicherheiten und Ängste über den weiteren Entwicklungsverlauf auf. Meistens werden jedoch diese Entwicklungsrückstände weitgehend aufgeholt, sodass in einem frühen Stadium keine sichere Prognose möglich und einer resignativen Haltung entgegenzuwirken ist. Im weiteren Verlauf geht es um die Aufarbeitung und das Verständnis der Auswirkungen von möglicherweise stattgefundenen traumatischen Erfahrungen und körperlichen wie seelischen Vernachlässigungen. Auch hierbei ist die Unterstützung von hierauf spezialisierten Beratungsstellen und Therapeuten hilfreich, um zu angemessenen familiären Beziehungsmustern zu gelangen und um Enttäuschungen vorzubeugen. In solchen Fällen gilt, dass das möglichst frühzeitige Aufsuchen entsprechender Stellen einer Chronifizierung und belastenden Entwicklung vorbeugt und deshalb kein Zeichen für ein elterliches Versagen darstellt.

Mit Besuch des Kindergartens bzw. der Einschulung besteht bei

Adoptivkindern ein erhöhtes Risiko für soziale Interaktions- und Integrationsstörungen. Durch ihren besonderen Familienstatus können manchmal Rückzug und Selbstzweifel auftreten; Entwicklungs- und Leistungsdefizite führen nicht selten zu schulischen Schwierigkeiten, verstärkter Angst und Rückzug. Solche Entwicklungen sollten ebenfalls möglichst rechtzeitig registriert und durch entsprechende Unterstützungsmaßnahmen verbessert werden.

Auf Seiten der Adoptiveltern geht es vor allem darum, Gefühle wie Enttäuschung, Verzweiflung, Wut und Resignation früh zu erkennen und sich hierüber – falls nötig – auch mit entsprechenden Institutionen auszutauschen. Insofern ist es besonders wichtig, Motive, Erwartungen und Wünsche, die zur Adoption geführt haben, bereits im Vorfeld zu reflektieren und sie mit Bekannten und – falls möglich – mit anderen Adoptiveltern zu besprechen, um erkennen zu können, wie realistisch diese Erwartungen eigentlich sind. Wenn eigene Bedürfnisse mehr im Zentrum stehen als das Wohl des zu adoptierenden Kindes, sollte man kritisch hinterfragen, ob das geplante Vorhaben wirklich zu dem erwünschten Ergebnis führen kann. Auch wenn alle äußeren Bedingungen für eine Adoption sprechen, kommt es mehr auf die innere Bereitschaft, Haltung und die mit der Adoption verbundenen Perspektiven an, derer man sich bewusst werden sollte, um einen solchen, das eigene Leben einschneidend verändernden Schritt zu tun. So führt Röchling (2000) aus, dass die begründete Erwartung an eine soziale Elternschaft darin besteht, dass die Bindungen zwischen Annehmendem und Kind mit ihren Auswirkungen (Bereitschaft zur Betreuung, Fürsorge und Erziehung des Kindes) denen einer leiblichen Eltern-Kind-Beziehung entsprechen. Nur wenn die Herstellung solcher Familienbande ernsthaft und konkret erwartet werden kann bzw. gegeben ist, kommt eine Adoption nach dem Gesetz in Betracht. Um hier eine sichere Einschätzung ermöglichen zu können, sollten im Vorfeld alle positiven wie negativen Aspekte durchgegangen werden. Zwar können die zuständigen Adoptionsstellen wichtige Fragen aufgreifen und die Eltern in ihrem Entscheidungsprozess begleiten, es wird ihnen jedoch häufig nicht gelingen, Unsicherheiten und Ambivalenzen zu erkennen und anzusprechen. Deshalb sollten die Eltern angeregt werden, sich ihrer eigenen Bereitschaft sowie der vorhandenen Ressourcen und Fähigkeiten bewusst zu werden, um die möglicherweise durch die Adoption hervorgerufenen belastenden Situationen bewältigen zu können. Nach den englischen Adoptionsstandards sollten ein intensiver Austausch und eine umfangreiche Informationssuche am Anfang stehen. Dies bedeutet:

- Die rechtlichen Voraussetzungen müssen bekannt sein, die beim Adoptionsverfahren zu berücksichtigen sind (siehe Röchling 2000). Hierzu gehören Kenntnisse über die inhaltlichen Grundsätze des Adoptionsvermittlungsverfahrens sowie über die inhaltlichen Voraussetzungen einer Adoption.

- Das Wissen um Adoptionsrisiken und -verläufe ist notwendig, um sich auf die spezifischen Aufgaben vorzubereiten und abzuwägen, ob die zeitlichen und emotionalen Anforderungen in der jetzigen Lebenssituation gemeistert werden können.

- Die Berichte Betroffener vermitteln ein anschauliches Bild über gelungene wie misslungene Erfahrungen und können Adoptiveltern sowohl Mut machen als auch realistisch über mögliche Konflikte und Klippen informieren (siehe Literaturverzeichnis).

- Der Austausch mit anderen Adoptiveltern im Einzel- oder Gruppengespräch schafft eine gute Einstimmung auf die zu erwartende Aufgabe, erlaubt die Klärung konkreter Befürchtungen und kann auch dazu beitragen, angemessene Erwartungen und Hoffnungen zu entwickeln.

- Das Aufsuchen und die Akzeptanz spezieller Beratungsangebote trägt entscheidend dazu bei, dass frühzeitig gezielte Untersuchungsmaßnahmen getroffen und Ressourcen aktiviert werden können. Die Offenheit von Adoptiveltern gegenüber solchen Interventionen ist auch ein Hinweis dafür, dass sie mit Schwierigkeiten und Konflikten, die mit der Adoption zusammenhängen können, offener und offensiver umgehen und sie nicht verleugnen müssen.

Wenn die Überlegung und Bereitschaft zu einer Adoption Gestalt angenommen haben, ist es unserer Meinung nach ein wichtiger und entscheidender Schritt, die vielfältigen Möglichkeiten der Informationsgewinnung aktiv zu nutzen. Hauptthemen stellen hierbei die rechtlichen und formalen Rahmenbedingungen der Adoption sowie eine Abklärung der familiären Bedingungen und Belastungen dar. Am Anfang sollte jedoch die selbstkritische Überprüfung und Befragung der eigenen Wünsche, Voraussetzungen und Motive der Adoptiveltern stehen. Dies kann nur in einem begrenzten Umfang durch die Hilfe der zuständigen Institutionen und Vermittlungsstellen geschehen. Vielmehr sollte durch eine umfassende Information und Offenlegungen der Möglichkeiten, aber auch der Probleme allen Interessierten eine realistische Sichtweise nahe gebracht werden. Je mehr man darüber weiß, was passieren kann, wenn ein Kind in die Familie aufgenommen wird, und wie andere Eltern in einer vergleichbaren Situation damit umgegangen sind, umso sicherer, entspannter und kompetenter lässt sich hierauf reagieren (Lord 2002). Dann ist zu hoffen, dass die hier vorgestellten Beispiele und Erfahrungen dazu beitragen, sich dem Thema Adoption offen und ohne Vorbehalte anzunähern, ohne die damit verbundenen Konflikte und Schwierigkeiten bagatellisieren oder verleugnen zu müssen.

Was man tun kann...
Die wichtigsten Tipps für Eltern

»Platz im Herzen und Platz zu Hause« sind die Voraussetzungen für eine Adoption. Mit dieser Aussage zitierte die Boulevardpresse den deutschen Bundeskanzler Gerhard Schröder, der im Herbst 2004 seine Landsleute animierte, es ihm und seiner Frau gleichzutun und ein Kind zu adoptieren. Da wird keiner widersprechen. Ein weites Herz und eine materielle Absicherung sind in der Tat nicht zu unterschätzende Bedingungen für das Gelingen einer Adoption. Mit Recht werden sie im Kriterienkatalog der Jugendämter für angehende Adoptiveltern aufgeführt und präzisiert. Aber damit sind noch nicht alle Voraussetzungen genannt. Doch das Abenteuer Adoption verlangt auch einen klugen Kopf. Es braucht die Bereitschaft und die Fähigkeit zur Reflexion und Selbstreflexion. Ein Paar, das ein Kind annehmen möchte, wird sich vor und nach diesem Schritt Gedanken machen müssen. Tut es das nicht, wird die zukünftige Entwicklung sie wahrscheinlich dazu zwingen. Damit soll die Adoption nicht auf eine »Kopfgeburt« verkürzt werden (siehe den Abschnitt »Amtsstube statt Kreißsaal«, S. 30 ff.), sondern das Wissen um ihre Klippen soll helfen, diese gut zu umfahren. Menschen, die wissen, welche Probleme auf sie zukommen können, sind besser gerüstet, sie zu bewältigen. Eine Voraussicht der »Sollbruchstellen« kann Überlastungen und Brüche kalkulierbar machen. Wer vorausschaut, wird vor-sichtig. Letztlich fördert dies Gelassenheit, eine Tugend, die vor Aufgeregtheiten und Affektentladungen schützt, wenn Probleme auftreten, wie sie in den Fallbeispielen der vorangegangenen Kapitel beschrieben wurden.

Was im Adoptionsverhältnis hilft

Rezepte gibt es nicht. Aber es kann hilfreich sein, wenn Adoptiveltern sich vor Augen halten:

• dass Elternliebe und Förderwille helfen können »Berge zu überwinden«. Aber sie werden den Berg selbst, d. h. den ganz besonderen Erziehungsauftrag, nicht versetzen.
• dass es aber auch keinen Grund gibt, vor der »Allmacht der Gene« zu kapitulieren. Es zeichnet den Menschen vor anderen Lebewesen aus, dass Elternliebe und Erziehungsgeschick einflussreicher sind als die Vorbestimmung diffuser »Blutsbande«.
• dass Erziehung ein mühsames Unterfangen ist, erst recht bei einem angenommenen Kind. Dennoch sollten Eltern – nach einer anfangs zugestandenen Intensivphase – nicht ihr eigenes Lebenskonzept ausschließlich in den Dienst des Adoptionsauftrags stellen. Ziele in Partnerschaft, Beruf und Hobby sollten gleichrangig im Blick behalten werden. Wer sich vom Gedeihen des Kindes unabhängig macht, wird gelassener, und das Kind muss nicht Schuldgefühle haben, wenn es die elterlichen Mühen nicht mit dem erhofften Erfolg belohnen sollte.
• dass die Entwicklungsschritte eines zuvor vernachlässigten Kindes nicht stetig, nicht linear und nicht im gleichen Tempo erfolgen. Kinder, die bislang eher verkümmerten, holen im neuen Zuhause anfangs zügig auf. Sie verharren dann jedoch oft unberechenbar lang auf bestimmten Entwicklungsplateaus.

Manchmal sind das »Erholungsstationen«, nach denen es bald weitergeht. Manchmal sind es für längere Zeit aber auch Endstationen. Dann sind die Ressourcen erschöpft und die Förderung erreicht – zumindest vorläufig – ihre Grenzen.

- dass Entwicklungen immer – und bei Adoption besonders – in Wellen und Schleifen verlaufen. Gelegentlich gibt es ein Zurückfallen auf bereits überwunden geglaubte Entwicklungsstufen. Das ist kein Grund zu großer Beunruhigung. Weder geht dann »die Welt unter« noch zeugt das von irreparablen, schuldhaften Versäumnissen der Erzieher.

- dass Adoptiveltern ungeheuer viel Kraft für die Förderung eines »fremden« Kindes aufbringen, was oft erhebliche Einschnitte in die eigene Lebensplanung bedeutet. Naheliegend ist, dass sie dieses Engagement auch von der Mitwelt, besonders von Erziehern und Lehrern erwarten. Dabei besteht die Gefahr, diese zu überfordern und sich selbst mit allzu großer Anspruchlichkeit unsympathisch zu machen. (Siehe den Abschnitt »Alles für unser Kind«, S. 63 ff.)

- dass es schwer fällt, aber nötig ist, den – besonders anfänglich – großen Fördereinsatz für ein Kind im Laufe der Entwicklung angemessen weniger werden zu lassen. Überbehütung, Inkonsequenz und die Neigung, vorrangig andere Menschen für Verhaltensauffälligkeiten des Kindes verantwortlich zu machen, können die Folgen sein.

- dass es entlastend ist, Phasen von Selbstzweifeln und Krisen nicht zu leugnen. Gespräche zwischen den Partnern, mit Freunden und – wenn möglich – mit anderen Eltern in vergleichbaren Situationen sind hilfreich.

- dass es sich in Krisenzeiten lohnt, genau zu fragen, was das eigentliche Problem ist und einen einzelnen Konflikt nicht zu verallgemeinern. Finden die Eltern beispielsweise die Schulleistungen ihres Kindes schlecht, zeugt das nicht automatisch von einem misslungenem Bindungsaufbau im Adoptionsverhältnis.

- dass sie Zeit haben. Bevor über Erfolg oder Misserfolg der Beziehung spekuliert wird, sollte das Adoptivkind getrost erst selbst ins Erwachsenenalter kommen.

Adoption wird immer ein Abenteuer bleiben. Neben vielfacher
Freude und Bereicherung beschert sie auch erhebliche Zumutungen. Hilfreich ist für Eltern, sich vor Augen zu führen, dass diese
nicht in gezielt böser Absicht geschehen. Es sind Zumutungen, die
sich aus der Konstellation selbst heraus ergeben. Die Kinder müssen zwangsläufig Fragen stellen, Fantasien äußern und Wege erproben, die für die neuen Eltern nicht immer erfreulich sind. Doch
langfristig bewahrt das die Kinder vor falscher Anpassung und
Pseudo-Harmonie, wie sie von Felix, dem »hoch begabten Dumm-
ling«, im Abschnitt »Die Anpassungsfalle« (S. 77 ff.) berichtet werden. Umgekehrt müssen auch die Kinder Zumutungen aushalten.
Ohne die Frage nach einer Schuld anzurühren, ist eine Freigabe zur
Adoption per se eine Zumutung für heranwachsendes Leben. Beide
Seiten müssen sich mit schicksalhaften Herausforderungen auseinander setzen, die umso besser bewältigt werden können, wenn
vorher bekannt ist, mit welchen Zumutungen zu rechnen ist.
Eltern sollten damit rechnen ...

• dass ein Adoptivkind den Adoptiveltern eine Machtfülle unterstellt, die sie gar nicht beanspruchen. Das sollte relativiert werden. Einerseits ist es schön, wenn auf die Frage »Warum habt ihr
  gerade mich ausgesucht?« die Antwort folgt: »Weil wir dich
  ganz besonders nett fanden.« Andererseits kann solch ein Kompliment auch die Angst auslösen, wieder zurückgegeben werden
  zu können, wenn man einmal nicht mehr so nett ist. Da kann
  es Kindern helfen zu hören, dass Eltern gar nicht so große
  Entscheidungsräume eingeräumt werden. Zu wissen, dass auch
  die Eltern im Adoptionsverfahren von höheren Entscheidungs-
  trägern abhängig waren, klingt zwar fatalistisch, erleichtert
  und vereinfacht aber auch das Zusammenleben. Man sitzt als
  »Schicksalsgemeinschaft« in einem Boot. Nun müssen – genau
  wie bei leiblichen Kindschaftsverhältnissen – alle sehen, wie sie
  miteinander zurechtkommen. Weder bei Geburt noch bei Adoption gibt es »freie Auswahl« oder »Rückgaberecht«.
• dass es gilt, viele Eskapaden auszuhalten, ehe die Entwicklung
  nach einem »Versuch-und-Irrtum-Verfahren« in stetigere Bahnen

geraten kann. Besonders Jugendliche muten mit Kleidung, Schminke, Musikgeschmack und Freizeitverhalten Eltern viel zu. Das ist bei leiblichen Kindern nicht anders. Doch bei Adoptiveltern besteht die Gefahr, das »Fremde zwischen den Generationen« anders zu interpretieren, indem unbekannte Elemente der Herkunftsfamilie für das ihnen so fremde Tun des Kindes verantwortlich gemacht werden.

• dass gerade jugendliche Adoptivkinder schwanken können zwischen Selbstzweifel und Unerwünschtheitsgefühlen einerseits sowie anmaßend und überheblich wirkenden Gefühlen, jemand Besonderes, gar ein Auserwählter zu sein, andererseits.

• dass es schon im Vorfeld einer Adoption nervend ist, von Ämtern sehr persönlich nach Beweggründen und Familieninterna befragt zu werden. Angesichts der Unbekümmertheit und mitunter allzu großen Sorglosigkeit, mit der leibliche Kinder »in die Welt gesetzt« werden, mögen Ehepaare, die nach langen Selbstprüfungen den Entschluss zu einer Adoption gefasst haben, sich degradiert und gekränkt fühlen.

Schließlich sollten Eltern damit rechnen, dass trotz kluger Ratgeberliteratur Erziehung nicht durchgehend planbar ist.

Unterschiedliche Probleme in den Altersphasen

Die kindliche Entwicklung verläuft nicht linear. Darauf kann nicht oft genug hingewiesen werden. Bei Adoptivkindern verläuft sie mitunter in so heftigen Wellen, dass Eltern oft erstaunt stöhnen: »Ich kenne mein Kind nicht wieder.« (Siehe beispielsweise die Entwicklung von Anja, »dem Marienkind«, S. 12 ff., oder von Kerstin im Abschnitt »Schuldgefühl und Wiedergutmachung«, S. 69 ff.) Da nervt der einstige kleine »Sonnenschein« der Familie im Jugendlichenalter mit Übellaunigkeit und sozialem Rückzug. Aus einem freundlich-zugänglichen Kind wird ein überkritischer, nörgeliger Heranwachsender. Das alles will beachtet und aufgegriffen werden. Aber es muss nicht als Katastrophe gesehen werden. Eine hilfreiche Übersicht, welche Aufgaben in welcher Altersphase anstehen, gibt folgende Aufstellung in Anlehnung an Brodzinsky (1987, S. 31):

Altersbereich	Aufgaben der Adoptivfamilie
Kindheit	• Überwindung von negativen Gefühlen, keine eigenen Kinder bekommen zu können • Bewältigung von Unsicherheit und Angst, die mit dem Adoptionsprozess zusammenhängen • Entwicklung angemessener Rollenmodelle und realistischer Erwartungen, die mit der Adoptivelternschaft verbunden sind • Bewältigung von negativen Reaktionen der Umgebung, die aus der Adoption resultieren • Entwicklung einer sicheren Bindungsbeziehung mit Kindern, die relativ spät adoptiert wurden
Kleinkind- und Vorschulalter	• Umgang mit Angst und Unsicherheit, die mit der Mitteilung der Adoption für das Kind und die Familie verbunden sein können • Herstellen einer Atmosphäre, in der Fragen über die Adoption ohne Vorbehalte besprochen werden können
Mittlere Kindheit, Grundschulalter	• Entwicklung eines Verständnisses beim Kind über die Bedeutung seiner Adoption • Unterstützung des Kindes bei der Bewältigung seiner Trauer bezüglich der Adoption • Aufrechterhaltung einer Atmosphäre, die Fragen über die Adoption angesichts möglicher Komplikationen durch den Trauerprozess vorbehaltlos erlaubt
Adoleszenz	• Unterstützung des Jugendlichen bei der Bewältigung seiner Unsicherheit bezüglich seiner biologischen Herkunft • Unterstützung des Jugendlichen bei der Verarbeitung des Verlustes seiner eigenen

Altersbereich	Aufgaben der Adoptivfamilie
	Herkunftsfamilie und bei der Entwicklung eines eigenen Selbstwertgefühls • Unterstützung des Jugendlichen bei der Suche nach der eigenen Herkunftsfamilie und Schaffung eines Klimas, das eine wohlwollende Klärung von Fragen erlaubt, die der Jugendliche mit der Adoption verbindet

Modell psychosozialer Anpassung und Aufgaben bei Adoption

Leben mit der »Schattenfamilie«

Adoptivfamilien müssen – bewusst oder unbewusst – stets mit der Herkunftsfamilie des Kindes leben. Als »Schattenfamilie« und »das Fremde« wird sie sich immer wieder in die Eltern-Kind-Beziehung hineindrängen. Eltern werden sich oft bei der Feststellung ertappen, dass das Kind bestimmte Verhaltensweisen unmöglich »von ihnen haben kann«. Kinder hingegen werden mehr oder weniger offen ihren Eltern zu verstehen geben: »Eure Welt ist nicht meine Welt.« In den im zunehmenden Maße praktizierten »offenen Adoptionen« entfällt vordergründig jede Geheimniskrämerei. Zumindest ein leiblicher Elternteil ist bekannt. Das schafft sehr viel Klarheit, wo sonst nur Spekulationen und oftmals abstruse Fantasien Platz hatten. Die offene Adoptionsform löst jedoch nicht per se alle innerpsychischen und beziehungsdynamischen Fragen. Seelen- und Beziehungsarbeit werden auch hier weiterhin gefragt bleiben. Diese könnten unterschätzt werden, weil doch alles so klar, offen und zugewandt ist. Besuchsszenen zwischen abgebenden und aufnehmenden Eltern muten mitunter so freundschaftlich und konfliktfrei an, dass Kinder gar nicht wagen, mit der Frage zu stören: »Und warum musste ich dann abgegeben werden?« »Vielleicht«, so mögen sie fantasieren, »liegt ja etwas Böses in mir. Die Großen scheinen jedenfalls keine Probleme zu haben.« Mit diesem Einwurf soll nicht der Fortschritt durch offene Adoptionsverhältnisse in

Frage gestellt werden. Es soll aber auch nicht der Eindruck vermittelt werden, damit seien alle möglichen Irritationen ausgeräumt. Die nachfolgenden Aspekte lohnen, auch von den leiblichen Eltern reflektiert zu werden. Entsprechende Hilfestellungen sollten zum Programm offener Adoptionsformen zählen.

Adoptiveltern sollten wissen...

- dass Absonderungs- und Fremdheitsgefühle stets zum Individuations- und Ablösungsprozess gehören. Sie sind auch in leiblichen Kindschaftsverhältnissen ein zentrales Thema. Auch dort ist es schwer umzusetzen, was sich als Toleranzideal so leicht formulieren lässt: »Das Fremde als Bereicherung und Chance annehmen.«

- dass das Interesse, das Adoptivkinder an ihrer Herkunft bekunden, nicht als Affront gegen die neue Familie zu verstehen ist. Zeigen sie hingegen kein Interesse, schweigen sie das Thema gar tot, bedeutet das nicht, dass es keine Rolle spielt. Vorstellungen über die eigenen Ursprünge könnten – im Gegenteil – idealisiert oder mystifiziert im Hintergrund schlummern und dann im Jugendlichenalter wuchtig und plötzlich zum dominierenden Lebensthema werden.

- dass die Auseinandersetzung mit der Herkunftsfamilie des Kindes meist sehr anstrengend ist, weil sie nur recht unspezifisch erfolgen kann, wenn wenig Informationen über sie bekannt sind. Liegen hingegen detaillierte, meist negative, Kenntnisse vor, gilt es, der Verlockung zu entwertenden und verächtlichen Gedanken über die »Leiblichen« entgegenzusteuern.

- dass auch die Herkunftsfamilie eines Kindes ein Stück »mitadoptiert« wird. Für kinderlose Adoptiveltern ist das nicht immer leicht umzusetzen, weil kränkende oder konkurrierende Momente mitschwingen können. Die leiblichen Eltern mögen zwar psychisch und sozial in desolaten Zuständen gelebt haben, sie erwiesen sich jedoch als zeugungs- und gebärfähig.

- dass Eltern wie Kind im Bewältigen von Enttäuschungen und Verlusterlebnissen eine vergleichbare Aufgabe zu erledigen haben. Eltern müssen möglicherweise die eigene Unfruchtbarkeit betrauern, während das Kind Gefühle von Verlust und Unvollständigkeit zu verarbeiten hat.

- dass Ehepartner ihre eigene Bereitschaft und Fähigkeit, Fremdes zu adoptieren, unter anderem daran messen können, wie sie mit Tradition und Umfeld der eigenen Schwiegereltern umgehen. Denn auch die »heiratet« man stets mit. Über den Partner setzt man sich – indirekt – mit ihnen auseinander.

- dass ihnen selbst nichts verloren geht, wenn sie Kontakte zu Familienmitgliedern der Herkunftsfamilie zulassen und eventuell verfügbare Fotoalben oder Familiendokumente dem Kind zugänglich machen. Sie müssen sich nicht gekränkt fühlen, wenn diese vom Kind in bestimmten Lebensphasen besonders hoch geschätzt werden. Je souveräner Adoptiveltern das zulassen können, desto leichter wird dem Kind der »Seelenspagat« zwischen den Familien gelingen.

- dass es kein Ausdruck von Unzufriedenheit sein muss, wenn Kinder Gegenstände, die an ihre leibliche Mutter erinnern, wie Reliquien in Ehren halten. Auch wenn dies mit geschönten Vorstellungen einhergeht, ist es nicht glücklich, dies allzu hart zu entlarven (»Wenn du wüsstest…!«). Mutterbilder müssen vom Kind übergangsweise idealisiert werden, um nicht ein negatives Selbstbild zu bekommen und daran zu verzweifeln. In späteren Lebensjahren kann die Verklärung kritischer gesehen werden und realistischeren Vorstellungen weichen.

- dass es für alle Beteiligten hilfreich ist, Formulierungen zu suchen, wie die leiblichen Eltern gesehen und benannt werden können. Die im Abschnitt »»Dann geh doch zurück!«« (S. 36 ff.) zitierte Äußerung einer Adoptivmutter wirkt sehr integrierend und versöhnlich: »Ich kenne deine Mutter nicht, aber ich mag sie. Ohne sie hätten wir dich nicht bekommen. Und dich mögen wir sehr.« Wenn es denn wirklich so empfunden wird, dann kann diese wichtige Unbekannte durchaus »die beste Freundin« genannt werden.

»Drum prüfe, wer sich ewig bindet«

Die Motive von Erwachsenen, ein Kind zu adoptieren, sind vielschichtig. Angesichts der Not schlecht oder gar nicht versorgter Kinder sollte man meinen, jedes Motiv sei legitim, um ein Kind aus desolaten Familienverhältnissen oder unzulänglicher Heimversorgung herauszuholen. Für den Augenblick mag das stimmen. Langfristig wird die Qualität einer Adoptivbeziehung jedoch entscheidend von den ursprünglichen Motiven der Eltern bestimmt. Diese können ihnen bewusst oder unbewusst sein, in jedem Fall bestimmen sie aber die Erwartungshaltungen an das Abenteuer Adoption und werden – wiederum bewusst oder unbewusst – zur späteren Messlatte für Erfolg oder Misserfolg. Ein wichtiges Ziel aller Aufklärungsarbeit über Adoption ist daher das Bemühen um Bewusstmachung der Motive der Eltern. Waren diese in früheren Gesellschaften vielfach von sozialer Absicherung und von familienstrategischen Überlegungen geprägt, so sind sie heute in freiheitlichen, sozial abgesicherten Systemen überwiegend in der individuellen Entscheidung eines Paares für einen sehr persönlichen Lebensstil begründet. Phasenweise wurden und werden Adoptionen auch instrumentalisiert, um bestimmte Richtungen in Lifestyle, Familienpolitik oder Ideologie durchzusetzen.[19] Unabhängig von den Wellenbewegungen des Zeitgeistes halten sich drei Motivbereiche, die wegen ihrer überdauernden Gültigkeit hier aus einem schon älteren Adoptions-Ratgeber des Diakonischen Werks zitiert werden sollen (Diakonisches Werk 1977):

»Die Motive weisen darauf hin, welche Rollen dem Kind zugedacht sind bzw. inwieweit Ehepartner bereit sind, ihre eigenen Rollen und damit verbundenen Aufgaben zu verändern und sich den Bedürfnissen des Kindes anzupassen. Die Praxis hat gezeigt, dass Kinder am besten von Ehepaaren integriert wurden, die als Motiv angaben, mit dem Adoptivkind eine ›richtige Familie‹ gründen zu wollen, ein Bedürfnis, das durch leibliche Elternschaft nicht erfüllt werden konnte.

Bei Ehepaaren mit leiblichen Kindern scheint ein so genanntes ›soziales Motiv‹ für eine Adoption günstig. Meistens haben sie gute Voraussetzungen (räumlich, finanziell) für ein weiteres Kind, verzichten aber auf ein weiteres leibliches Kind zugunsten eines benachteiligten Kindes (z. B. aus dem Heim).

Am ungünstigsten sind Motive wie: Kinder als Mittel, um eine gespannte oder gestörte Ehe ins Gleichgewicht zu bringen, um einer Frau eine sinnvolle Beschäftigung zu vermitteln oder um Adoptivkinder hauptsächlich als Spielkameraden für das eigene Kind zu gewinnen. In all diesen Fällen werden vom Kind von vornherein bestimmte Aufgaben erwartet. Erfüllt es diese nicht, ist die Annahme als Kind gefährdet. Die Schuld wird dann meistens beim Kind gesehen.«

Formale Voraussetzungen für eine Adoption

In Deutschland ist in einem Richtlinienpapier der Bundesarbeitsgemeinschaft der Landesjugendämter recht genau beschrieben, wer unter welchen Bedingungen und in welchem Alter Kinder adoptieren darf. Ein Ehepaar kann ein Kind nur gemeinschaftlich annehmen. Auch allein stehende Personen können adoptieren. Sie müssen in wirtschaftlich stabilen Verhältnissen leben, ein makelloses polizeiliches Führungszeugnis vorweisen und hinreichend gesund sein, um ein Kind großzuziehen. Zur Annahme eines Kindes ist die Einwilligung der leiblichen Eltern erforderlich. Sie ist erst acht Wochen nach der Geburt gültig.

In die Empfehlungen über Altersbegrenzungen bei Adoptiveltern ist Bewegung gekommen, seit der deutsche Bundeskanzler und seine Frau im Sommer 2004 ein dreijähriges russisches Mädchen adoptiert haben. Kanzler Gerhard Schröder lag mit 60 Jahren nämlich deutlich über dem von den Jugendämtern empfohlenen Altersunterschied von maximal 40 Jahren zwischen Kind und Elternteil. Auch die Empfehlung, dass Vater und Mutter nicht älter als 35 bis 40 Jahre sein sollten (Mindestalter 21 Jahre bei der Frau, 25 beim Mann), hatten die prominenten Adoptiveltern weit überzogen. Die Bundesregierung kündigte am 13.12.2004 eine Initiative an, in der sie das Höchstalter der Eltern auf 45 festgeschrieben sehen will. Sie begründet das mit dem demografischen Wandel. Die meisten Paare dächten heute erst mit 30 Jahren über Kinder nach.

Am Anfang einer Adoption steht das Kontaktgespräch mit dem Jugendamt. Die zukünftigen Eltern müssen in einem »Lebensbericht« über sich Auskunft geben und einen ausführlichen Fragebogen beantworten, in dem auch ihre Motive erkundet werden.

Auch ihre Vorstellungen über Partnerschaft und Erziehung werden abgefragt. Bei Paaren sollte der Adoptionswunsch bei beiden gleich stark erkennbar sein. Fast ein Jahr lang führen Fachkräfte mehrere intensive Gespräche mit den zukünftigen Eltern, Hausbesuche inklusive, bevor entschieden wird, welches Kind für welche Familie in Frage kommen könnte. Bevor die Adoption rechtskräftig wird, haben die Eltern während des so genannten Adoptionspflegejahres eine Probezeit.

Weil die Zahl der zur Adoption freigegebenen Kinder hierzulande abnimmt (5538 Jungen und Mädchen zwischen einem Jahr und drei Jahren waren es 2003, während es Anfang der 90er-Jahre noch über 8000 Kinder jährlich waren), schätzt man heute zehn- bis fünfzehn Mal mehr Adoptionswillige als Adoptivkinder. Infolge dieser Entwicklung werden Auslandsadoptionen immer populärer. Rund zwölf staatlich anerkannte Vermittlungsorganisationen (u. a. Global Adoption Germany Help for Kids e.V.) suchen Kinder aus Asien, Südamerika, Afrika oder Osteuropa für Adoptiveltern in Deutschland. Die Auslandsadoption unterliegt sowohl dem deutschen als auch dem Adoptionsrecht des Herkunftslandes. Alle seriösen Vermittlungsstellen müssen von deutschen Landesjugendämtern anerkannt sein.

Weder Allmacht noch Resignation
Resümee und Ausblick

Das Adoptivkind als »Traumkind in der Realität«, wie es im Titel des von Harms und Strehlow (1990, 2000) herausgegebenen Buches heißt, weckt vielfältige Assoziationen, so an Hoffnungen, die nicht erfüllt werden können, aber auch an ein Kind, das sich in der neuen Realität nicht zurechtfinden kann. Die Autoren Sichtermann und Leggewie (2003) glauben, eine seltsame Verschiebung in den letzten zwei, drei Jahrzehnten feststellen zu können:

»Traten in früheren Adoptionsgeschichten selbstlose Adoptiveltern und ihnen uneigennützig beistehende Vermittler als die Helden auf, neben den verwerflichen ›Rabeneltern‹ und armen adoptierten Seelen, die es vor ›schlechten Anlagen‹ zu retten galt, hat sich die Situation heute umgekehrt. Adoptiveltern, vor allem kinderlose und einigermaßen begüterte, stehen als Egoisten am Pranger, zusammen mit den Behörden, die ihr Tun nach Kräften unterstützen, während abgebende Mütter und angenommene Kinder zu Opfern eines schrecklichen Verlustes, ja des Raubes ihrer Identität stilisiert werden.« (S. 171)

Sichtermann und Leggewie sehen darin eine Idealisierung und Überbewertung der »natürlichen Herkunft« und wünschen eine eher pragmatische Herangehensweise, die Adoptionswillige unterstützt. Gleichzeitig stilisieren sie Adoptionen als psychosoziale Metapher hoch, die exemplarisch für den gesellschaftlichen Umgang mit »dem Fremden« stehen könne.

Das Thema Adoption polarisiert ähnlich wie die epochal aufkommenden Grabenkämpfe um die Frage, ob biologische Vorgaben die Persönlichkeit bestimmen oder eher Umweltbeeinflussungen den Menschen prägen. Studien können hier der Versachlichung dienen. Aus diesem Grund wurde die empirische Literatur zum Adoptionsthema referiert. Sie zeigt, dass die Mehrzahl der adoptierten Kinder sich in der neuen Umgebung positiv verändert und dadurch bessere Entwicklungschancen besitzt. Allerdings steigt durch eine Adoption auch das Risiko für spätere Verhaltensauffälligkeiten und Entwicklungsstörungen. Das berechtigt keineswegs, zum Verzicht auf Adoption aufzurufen. Als Vergleich ist die Situation eines unterernährten Menschen angebracht, der erst durch die Gabe von Speisen eine Chance zum Überleben und zur Weiterentwicklung erhält. Natürlich kann die Nahrungsgabe unausgewogen, unabgestimmt oder durch diverse Einflüsse belastet sein. Da sind kritische (Selbst-)Kontrolle und das Streben nach Verbesserung angebracht. Doch wegen möglicher Fehler wird man die Speisung des Hungrigen nicht unterlassen. Zu Recht. Eine sachliche Annäherung an das Thema kann nur gelingen, wenn man die Interessen der adoptierten Kinder in den Vordergrund rückt.

Hilfreich ist es, mögliche Risikofaktoren bereits im Vorfeld kritisch zu reflektieren und zu überdenken. Auf Seiten der Adoptiveltern plädieren wir für eine selbstkritische Überprüfung der ganz persön-

lichen Gründe, Wünsche und Ziele, die sie zu einer Adoptions-
bewerbung motivieren. Es mag sein, dass dabei durchaus eigen-
süchtige Gedanken aufgedeckt werden, etwa solche, wie sie in
unserem Buch beschrieben werden: Adoption als Wunsch nach
Wiedergutmachung, nach Tilgung eines Schuldgefühls, nach eigener Rehabilitierung, nach dem Erleben eigener Bedeutung, Adoption als religiöser oder politischer Auftrag, als Versuch einer Kri-
senbewältigung oder Rettung einer Partnerschaft. Die Erkenntnis
darüber mag momentan erschrecken. Sie ist aber nicht ehrenrührig.
Entscheidend ist nicht die Tatsache ihrer Existenz, entscheidend
ist, dass ihre Existenz bewusst ist. Es sind im Übrigen Motive, die
beim Wunsch nach leiblichen Kindern ebenso anzutreffen sind.
Dort werden sie aber nicht so kritisch beäugt, weil die Umsetzung
des Wunsches nicht ausschließlich auf Willensbekundung und
Machbarkeit beruht. Angesichts von medizinisch gestützten
Empfängnisformen und »Leihmutterschaften« bleibt jedoch abzuwarten, wie Aspekte des Adoptionsgeschehens hier die Grenzen
verwischen werden.

Sich der Motive des Kinderwunsches bewusst zu sein kann bereits
im Vorfeld wegweisend für das Gelingen oder Misslingen des
Adoptionsprozesses sein. Allmachtsfantasien, ein Kind aus schlechten Verhältnissen zu retten, können dabei ebenso problematisch
sein wie hohe Erwartungen und Wünsche oder Selbstzweifel, eine
solche Herausforderung überhaupt bewältigen zu können. Fördernde und belastende Faktoren lassen sich kaum in einem festen
Regelwerk festlegen. Es kann jedoch sehr hilfreich sein, sich über
die Klippen, Hoffnungen, aber auch Bindungs- und Interaktionsprobleme möglichst früh klar zu werden. Hier sollten die Fallbeispiele besonders typische Konstellationen herausstellen, ohne
damit das Adoptionsbegehren als Ganzes zu hinterfragen.

Kopf- und Bauchgeburten

Adoptiveltern gebären ihre Kinder in der »Amtsstube statt im
Kreißsaal«, heißt es zugespitzt in einem Kapitel. Das ist nicht
geringschätzig gemeint. Vielmehr will es hervorheben, dass Adoptiveltern in der Vorfreude auf ihr Kind zwangsläufig viel Kopf-

arbeit leisten müssen, wo andere sich neun Monate lang vorwiegend auf den Bauch konzentrieren dürfen. Locker eingebrachte Bemerkungen wie »Beim Kinderkriegen gilt der Bauch mehr als der Kopf« finden schnell Zustimmung. Vielleicht muss das so gesehen werden, weil es um den Fortbestand der Menschheit schlecht bestellt wäre, würde Nachwuchs erst ab einer bestimmten Bewusstseinsstufe zulässig sein. Auch die – männlichen – Autoren dieses Buches wollen die Wucht von Amtsstempeln nicht über die Bedeutung von Wehen stellen. Wir wollen aber adoptionsbereite Eltern ermuntern, die kompensatorischen Möglichkeiten der Kopfarbeit nicht zu unterschätzen. Vielleicht ist ein Bemühen um das Bewusstmachen des Kinderwunschmotivs ihre ganz spezielle Form von »Schwangerschaftsvorbereitung«. Auch diesbezüglich ist es legitim, Hilfe und Unterstützung aufzusuchen, die ihnen die Bewältigung alltäglicher Probleme erleichtert.

Aufgrund der besonderen Konstellation der Adoptivfamilie tauchen Fragen nach der eigenen Identität, des Angenommenwerdens und der Sicherheit von Bindungen regelhaft auf. Dazu ist Adoptiveltern eine Vorbereitung zu wünschen, ohne an ihrer eigenen Kompetenz zu zweifeln. Eine öffentliche Debatte, die das Thema Adoption verstärkt in die Medien bringt, erscheint für die Sache wenig hilfreich. Prozesse, die den Aufbau von Intimität und Nähe verlangen, benötigen den privaten Rahmen und eine Zurückhaltung, die nicht noch von außen Erwartungen und Normen an alle Beteiligten heranträgt. Der Adoptionsvorgang endet nicht damit, dass ein Kind in die neue Familie aufgenommen wird. Danach beginnt die eigentliche Herausforderung, das gemeinsame Bewältigen von Entwicklungsaufgaben, wie in allen Familien, nur unter besonderen Voraussetzungen. Dazu braucht es bei aller Begeisterung und allem Enthusiasmus auch die Bereitschaft, sich mit Unsicherheiten und Ängsten auseinander zu setzen, negative Reaktionen auszuhalten und die mit diesen Fragen verbundenen Konflikte nicht zu verneinen.

Nicht das Anrecht auf eine Adoption sollte im Vordergrund stehen, sondern die Bedürfnisse des Kindes und das Bemühen, sich mit den damit verbundenen Fragen und Aufgaben selbstkritisch auseinander zu setzen. In diesem Sinne sollten auch die Fallbeispiele verstanden werden. Sie zeigen, welche schwierigen Konstellationen zu erwarten sind. Sie zeigen aber auch, wie sie sich bewältigen lassen, ohne in Sackgassen zu geraten. Wenn unser Buch auf diesem Wege sowohl zum Mut als auch zur Vorsicht beiträgt, wäre ein wichtiges Ziel erreicht.

Anhang

Anmerkungen

1 Alle Namen in den Fallbeispielen wurden geändert.

2 Elemente des Märchens lassen sich mehrschichtig deuten. Dem psychoanalytisch interessierten Leser sei der Hinweis gegeben, dass die hier thematisierte Konstellation eines dreijährigen Mädchens und seines offenbar allein entscheidenden Vaters durchaus auch unter einem ödipalen Aspekt betrachtet werden kann. Die Polarisierung zwischen einer namen-, wort- und handlungslosen armen Mutter und der schönen, aktiven, madonnenhaften Lichtgestalt lässt durchaus an idealisierte Ich-Projektionen kleiner Mädchen denken. Doch an dieser Stelle soll der ödipale Aspekt unberücksichtigt bleiben. Vielmehr soll herausgearbeitet werden, welche Fantasien von Adoptivkindern im Märchen »Marienkind« erkennbar werden.

3 Pan Tau ist so eine Schattenfigur. Auch der Meister Eder in *Pumuckl* ist es, wenngleich hier das Verhältnis umgedreht wurde und die imaginäre Figur Pumuckl der Kontrollinstanz Meister Eder gegenübersteht. Auch die Rolle von Schutzengeln gehört in diesen Themenkreis.

4 Wer den ödipalen Deutungsstrang des Märchens parallel verfolgen möchte, wird nun das nicht mehr zurückzuhaltende Erwachen der Sexualität im Blick haben. Die männerlosen Jahre auf der Himmelswiese sind vorbei. Geschlechtsneutrale »Englein« haben als Spielkameraden ausgedient. Die Abwehr der Lebensrealität lässt sich nicht länger aufrecht halten.

5 Dieses und die folgenden juristischen Zitate entstammen dem Kommentar von Georg Dodegge, Richter am Amtsgericht Essen, zu §§ 1741 ff. BGB: »Das formelle und materielle deutsche Adoptionsrecht«.

6 Josef gestaltete im Szeno-Test (d. i. ein so genannter projektiver Test. Das Kind erstellt mittels Personen- und Tierfiguren sowie Alltagsgegenständen eine Spielszene. Therapeuten schließen daraus auf – unbewusste – Beziehungskonstellationen und Erlebnisverarbeitung) eine Parklandschaft, in deren Mitte ein hohes Tor steht. Durch das lässt er eine Eisenbahn fahren. In einem Wagon sitzt ein Affe, von dem Josef spitzbübisch anmerkt, dem gehe es am besten. Hoch oben auf dem Tor sitzt ein Storch. Eigentlich, meint er, müsste es dem am besten gehen, habe er doch den Überblick. »Doch ich glaube, dem hat man die Flügel gestutzt.« Man darf Szene und Aussagen vielleicht so interpretieren, dass das Kind (der Blödsinn machende Affe) um die depotenzierte Rolle der Mutter weiß. Der Kinder bringende Storch kann nicht fliegen. Wo die Aufsichtsinstanz flügellahm ist, muss das Gefährliche gut weggesperrt sein: Um das Krokodil (dessen Maul drohend auf den Storch gerichtet ist) baute Josef einen unüberwind-

171

lichen Zaun. Aggressive Impulse konnten nur abgespalten, als »der Teufel« zugelassen werden.

7 Gemeint ist die mehrfach wiederholte und »Kultstatus« genießende WDR-Reihe von Wolfgang Menge *Ein Herz und eine Seele.*

8 BILD-Zeitung, 9. 9. 2004.

9 Etwa 30 Neugeborene werden in Deutschland pro Jahr ausgesetzt, die Hälfte von ihnen wird tot aufgefunden. Die Dunkelziffer ist hoch. Die Zahl der bekannt gewordenen Fälle scheint seit der Einrichtung von Babyklappen nicht wesentlich zurückgegangen zu sein. Wie viele Kinder bisher in Babyfenstern abgegeben wurden, ist nicht zentral erfasst.

10 Ausführlich setzt sich damit die Erziehungswissenschaftlerin Christine Swientek auseinander. Sie fordert im Verbund mit Adoptiertenverbänden und Kinderrechtsorganisationen gar ein Verbot der »Babyklappen«.

11 Es handelt sich um das im November 2000 eingerichtete Moses-Baby-Fenster im Haus Adelheid des Sozialdienst katholischer Frauen (SkF) in Köln. In Haus Adelheid leben allein erziehende und zum Teil minderjährige Frauen mit ihren Kindern in betreuter Form. Im ersten Jahr des Moses-Baby-Fensters wurden fünf Neugeborene abgegeben, allesamt Mädchen.

12 Überlegungen, warum Mädchen wie Kerstin offenbar übergangslos einen Freund gegen einen anderen austauschen können, finden sich im Abschnitt »Abgeben oder Halten«, S. 141 ff. Neben der Wiederinszenierung der traumatischen Situation des Verlassenwerdens kann es auch eine Rolle spielen, dass das Inzesttabu in den frühen Entwicklungsjahren wegen fehlender Blutsverwandtschaft nicht thematisiert werden musste. Damit entfielen Abstinenz-Übungen.

13 Diese und die vorausgegangenen statistischen Angaben basieren auf dpa-Meldungen vom 18. 8. 2004, die weitgehend Daten des Statistischen Bundesamts für das Jahr 2001 zitieren.

14 *Eisenhans* ist eher ein Entwicklungsmärchen. Es zeigt Hürden und Aufgaben der Ich-Entwicklung, die zu bestehen sind, ehe die auf der Herkunft beruhende Rolle ausgefüllt werden kann.

15 Das Zitat ist der »Einheitsübersetzung« entnommen.

16 Aus der 80er-Dekade, den Ausläuferjahren »klassischer Heimunterbringungen«, wurden für NRW 10 % bis 16 % Belegung durch Adoptiv- und Pflegekinder angegeben.

17 Bis zu 80 % in der Klientel von M. Greb, Kindertherapeut im heilpädagogischen Haus »Die gute Hand«, Kürten-Biesfeld.

18 Laut Angaben der Berliner Vermittlungsstelle, zitiert nach Greb (1990), S. 5.

19 »Stiefkind-Adoption für Homo-Paare« titelte die Presse einen Beschluss des Deutschen Bundestages am 30. 10. 2004, demzufolge gleichgeschlechtlichen Paaren das Recht eingeräumt wurde, das Kind eines Partners aus dessen heterosexueller Vor-Beziehung zu adoptieren. Die FDP fasste ihr familienpolitisches Programm noch weiter und sah erst im prinzipiellen Adoptionsrecht für gleichgeschlechtliche Paare deren volle Gleichberechtigung gewährleistet.

Literatur

Ratgeber und Erfahrungsberichte

Akkerman, B.: Wagnis Adoption. Der Kampf mit dem Selbst, der Umwelt und dem Kind. Kolb, Mannheim 2002.

Forster, M.: Schattenkinder. Fischer, Frankfurt 2003.

Giessler, U. (Hg.): Warum wolltest Du mich nicht? Salzer, Bietigheim 2000.

Gillig-Riedle, B./Riedle, H.: Ratgeber Auslandsadoption. Wege – Verfahren – Chancen. TiVan, Würzburg 2003.

Hildebrandt, A./Kunert, A.: Und dann kamst du, und wir wurden eine Familie... Ravensburger, Ravensburg 2003.

Hoksbergen, R. A. C./Textor, M. R. (Hg.): Adoption – Grundlagen, Vermittlung, Nachbetreuung, Beratung. Lambertus, Freiburg 1993.

Holdenrieder, J. (Hg.): Aus dem Meer bist Du zu mir gekommen. Edition Fischer. R. G. Fischer, Frankfurt/M. 1999.

Jürgensen, H.-U. (Hg.): Das Kind aus Guatemala. Frieling & Partner, Berlin 1998.

Launders, M. (Hg): Meine Schuld wird nie vergehen. Bastei Lübbe, Bergisch-Gladbach 1991.

Lifton, B. J.: Zweimal geboren. Memoiren einer Adoptivtochter. Klett-Cotta, Stuttgart 1981.

Link, M. (Hg.): Abenteuer Adoption oder Ein Lebenstraum wird wahr. Edition Riesenrad, Hamburg 2003.

Mimra, S.: Adoption für die Identität. edition pro mente, Linz 1997.

Paulitz, H. (Hg.): Adoption – Positionen, Impulse, Perspektiven. Beck, München 2000.

Röchling, W.: Adoption. dtv, München 2000.

Sorosky, A. B./Baran, A./Pannor, R.: Adoption. Zueinander kommen – miteinander leben. Eltern und Kinder erzählen. Rowohlt, Reinbek b. Hamburg 1982.

Szypkowski, B. (Hg.): Die Kontinuität der »guten Mutter«. Zur Situation von Frauen, die ihre Kinder zur Adoption freigeben. Centaurus, Pfaffenweiler 1997.

Ulrich, H.-B.: Schattenmütter. Adoption – von Müttern und ihren Kindern. Dietz, Berlin 2004.

Wiemann, I.: Ratgeber Adoptivkinder. Erfahrungen, Hilfen, Perspektiven. 5. aktual. Aufl. Rowohlt, Reinbek b. Hamburg 2004.

Zeller-Steinbrich, G.: Wenn Paare ohne Kinder bleiben. Herder, Freiburg 1995.

Zinnecker, M. (Hg.): Ich sehne mich nach einem Kind. Grünewald, Mainz 1995.

Allgemeine Literatur

Barnes, M. J.: Die Angst der Adoptivkinder – der Prozess des Durcharbeitens. In: Harms/Strehlow (Hg.): Adoptivkind. 2000, 189–204.

Barth, R. P./Berry, M.: Adoption and Disruption: Rates, Risks, and Responses. De Gruyter, Berlin 1988.

Berger, M.: Vorläufiger Bericht der Studiengruppe zur Problematik von Adoptivkindern. In: Harms/Strehlow (Hg.): Das Traumkind. 1990, 66–76 und 157–167.

Bernard, V. W.: Die Adoptionsbewerber sehen das Kind zum ersten Mal: ein kritischer Augenblick. In: Harms/Strehlow (Hg.): Adoptivkind. 2000, 100–110.

Berry, M./Barth, R. P.: Preparation, Support, and Satisfaction of Adoptive Families in Agency and Independent Adoptions. In: Child and Adolescent Social Work Journal of Psychiatry 148, 1996, 564–577.

Blos, P.: Sohn und Vater. Diesseits und jenseits des Ödipuskomplexes. Klett-Cotta, Stuttgart 1990.

Blos, P.: The Second Individuation Process of Adolescence. In: Psychoanal Study Child 22, 1967, 162–186.

Bohleber, W. (Hg.): Adoleszenz und Identität. Verlag Internationale Psychoanalyse, Stuttgart 1996.

Bohleber, W.: Identität und Selbst. Die Bedeutung der neueren Entwicklungsforschung für die psychoanalytische Theorie des Selbst. In: Bohleber (Hg.): Adoleszenz. 1996, 268–302.

Bohman, M./Sigvardsson, S.: A Prospective Longitudinal Study of Adoption. In: Nichol (ed.): Longitudinal Studies. 1985, 137–155.

Brand, A. E./Brinich, P. M.: Behavior Problems and Mental Health Contacts in Adopted, Foster, and Nonadopted Children. In: J Child Psychology Psychiatry 30, 1999, 1221–1229.

Brodzinsky, D. M.: Adjustment to Adoption: A Psychosocial Perspective. In: Clinical Psychology Review 7, 1987, 25–47.

Brodzinsky, D. M./Schechter, M. D. (eds.): The Psychology of Adoption. Oxford UP, New York 1990.

Brodzinsky, D. M./Smith, D. W./Brodzinsky, A. B.: Childrens' Adjustment to Adoption. Sage, London 1998.

Brodzinsky, D. M./Steiger, C.: Prevalence of Adoptees among Special Education Populations. In: J Learning Disabilities 24, 1991, 484–489.

Chisholm, K.: A Three Year Follow-Up of Attachment and Indiscriminate Friendliness in Children Adopted from Romanian Orphanages. In: Child Development 69, 1998, 1092–1106.

Chisholm, K./Carter, M./Ames, E. W./Morison, S. J.: Attachment Security and Indiscriminately Friendly Behavior in Children Adopted from Romanian Orphanages. In: Development and Psychopathology 7, 1995, 283–294.

Cohen, J. S./Westhues, A.: A Comparison of Self-Esteem, School Achievement, and Friends between Intercountry Adoptees and their Siblings. In: Early Child Development and Care 106, 1995, 205–224.

Cohen, N. J.: Adoption. In: Rutter/Taylor (eds.): Child and Adolescent Psychiatry. 2002, 373–381.

Cohen, N. J./Coyne, J./Duvall, J.: Adopted and Biological Children in the Clinic: Family, Parental, and Child Characteristics. In: J Child Psychology Psychiatry 34, 1993, 545–562.

Coon, H./Carey, G./Corley, R./Fulker, D.: Identifying Children in the Colorado Adoption Project at Risk for Conduct Disorder. In: J Am Acad Child Adolesc Psychiatry 31, 1992, 503–511.

Coon, H./Carey, G./Fulker, D. W./DeFries, J. C.: Influences of School Environment on the Academic Achievement Scores of Adopted and Nonadopted Children. In: Intelligence 17, 1993, 70–104.

Dettmering, P.: Die Adoptionsphantasie – Adoption als Fiktion und Realität. Königshausen & Neumann, Würzburg 1994.

Diakonisches Werk der Evangelischen Kirche in Deutschland (Hg.): Adoption – Annahme als Kind. Stuttgart 1977.

Dodegge, G.: Das formelle und materielle deutsche Adoptionsrecht, in: Familie, Partnerschaft, Recht. Heft 5, 2001, 321.

Familiendynamik 18.4, 1993. Themenheft »Adoption und Kinderlosigkeit«.

Feder, L.: Adoption Trauma: Oedipus Myth/Clinical Reality. In: Int Journal of Psychoanalysis 55, 1974, 491–493.

Flammer, A.: Zentrale Entwicklungsprozesse in der Adoleszenz. In: Psychotherapie im Dialog 4, 2002, 318–323.

Gaschke, S.: Kinderwünsche. Schwule und Lesben kämpfen für ein neues Adoptionsrecht. In: Die Zeit 25, 9. Juni 2004, 1.

Goldberg, D./Wolkind, S. N.: Patterns of Psychiatric Disorders in Adopted Girls: A Research Note. In: J Child Psychology Psychiatry 33, 1992, 935–940.

Greb, M.: Identifikationsprozesse in der Behandlung von Pflege- und Adoptivkindern. Unveröffentlichtes Manuskript eines Vortrags am Institut für analytische Psychotherapie im Rheinland, Köln 1990.

Grimm, J. u. W.: Kinder- und Hausmärchen. Vollständige Ausgabe. Winkler, München 1984.

Groza, V./Ryan, S. C./Cash, S. J.: Institutionalization, Behavior and International Adoption: Predictors of Behavior Problems. In: J Immigrant Health 5, 2003, 5–17.

Harms, E./Strehlow, B. (Hg.): Adoptivkind – Traumkind in der Realität. Schulz-Kirchner, Idstein 2000.

Harms, E./Strehlow, B. (Hg.): Das Traumkind in der Realität. Psychoanalytische Einblicke in die Probleme von adoptierten Kindern und ihren Familien. Göttingen: Vandenhoeck & Ruprecht 1990.

Haugaard, J. J.: Is Adoption a Risk Factor for the Development of Adjustment Problems? In: Clinical Psychology Review 18, 1998, 47–69.

Hesse, H.: Lektüre für Minuten. Gedanken aus seinen Büchern und Briefen. Hg. von Volker Michels. Suhrkamp, Frankfurt/M. 1971.

Issig, S.: Babyklappe. In: Kölner Stadt-Anzeiger. Ressort: Moderne Zeiten. Ausgabe vom 22.3.2003, 4–5.

175

Kirk, H. D.: Shared Fate. Free Press, New York 1964.

Kreppner, J.: Are There Limits to Resilience? Findings from the Romanian Study. In: Remschmidt/Belfer (eds.): Book of Abstracts. 2004, 131–132.

Lambert, L./Streather, J.: Children in Changing Families: A Study of Adoption and Illegitimacy. McMillan, London 1980.

Leggewie, C.: Das fremde Kind. Eine Lanze für die Adoption. In: Kursbuch 156. Kinder, Kinder. Rowohlt, Berlin 2004, 103–110.

Lehmkuhl, G.: Die Bedeutung psychosozialer Belastungen und der Familienstruktur für die kindliche Entwicklung. In: Lehmkuhl, U. (Hg.): Familie und Gesellschaftsstruktur. 1994, 140–149.

Lehmkuhl, G./Lehmkuhl, U.: Psychotherapie in der Adoleszenz: Differentielle Indikation, Beziehungsgestaltung und psychotherapeutischer Prozess. In: Schulte-Markwort/Resch (Hg.): Trauma. 2004a, 44–62.

Lehmkuhl, U. (Hg.): Familie und Gesellschaftsstruktur. Beiträge zur Individualpsychologie 20. Reinhardt, München/Basel 1994.

Lehmkuhl, U./Lehmkuhl, G. (Hg.): Frühe psychische Störungen und ihre Behandlung. Vandenhoeck & Ruprecht, Göttingen 2004b.

Lewis, D. O./Balla, D./Lewis, M./Gore, R.: The Treatment of Adopted Versus Neglected and Delinquent Children in the Court: A Problem of Reciprocal Attachment. In: Am J Psychiatry 132, 1975, 142–145.

Lord, J.: Adopting a Child. A Guide for People Interested in Adoption. British Association for Adoption & Fostering, London 2002.

Lowe, N./Murch, M./Bader, K./Borkowski, M./Copner, R./Lisles, C./Shearman, J.: The Plan for the Child: Adoption or Long-Term Fostering. British Association for Adoption & Fostering, London 2002.

Miller, B. C./Fan, X./Christensen, M./Grotevant, H. D./van Dulmen, M.: Comparisons of Adopted and Nonadopted Adolescents in a Large, Nationally Representative Sample. In: Child Development 71, 2000, 1458–1473.

Napp-Peters, A.: Adoption – das alleinstehende Kind und seine Familien. Luchterhand, Neuwied/Darmstadt 1978.

Nichol, A. R. (ed.): Longitudinal Studies in Child Psychology and Psychiatry. Wiley, Chichester 1985.

O'Connor, T. G./Rutter, M./Beckett, C. et al.: The Effects of Global Severe Privation on Cognitive Competence: Extension and Longitudinal Follow-Up. In: Child Development 72, 2000, 376–390.

Ohlmeier, D. (Hg.): Psychoanalytische Entwicklungspsychologie. Rombach, Freiburg 1973.

Peters, B. R./Atkins, M. S./KcKay M. M.: Adopted Children's Behaviour Problems: A Review of Rive Explanatory Models. In: Clinical Psychology Review 1, 1999, 297–328.

Piaf, E.: Mein Leben. Rowohlt, Reinbek b. Hamburg 1966.

Radke-Gerlach, T.: Immer diese Sehnsucht. Adoptierte Kinder suchen ihre Mutter. ZDF-Reportage. Sendereihe 37°, Erstausstrahlung 17. 12. 2002.

Reitz, M./Watson, K. W.: Adoption and the Family System. Guilford, New York 1992.

Remschmidt, H./Belfer, M. (eds.): Book of Abstracts of the 16th World Congress of the International Association for Child and Adolescent Psychiatry and Allied Professions (IACAPAP). Steinkopff, Darmstadt 2004.

Rende, R./Plomin, R.: Diathesis-Stress Models of Psychopathology: A Quantitative Genetic Perspective. In: Applied & Preventive Psychology 1, 1992, 177–182.

Ripple, L.: A Follow-Up Study of Adopted Children. In: Social Services Review 42, 1968, 479–499.

Robins, L. N./Rutter, M. (eds.) Straight and Devious Pathways from Childhood to Adulthood. Cambridge UP, Cambridge 1990.

Rosenthal, J. A./Groze, V.: Behavioral Problems of Special Needs Adopted Children. In: Children and Youth Services Review 13, 1991, 343–361.

Rosenthal, J. A./Groze, V.: Special Needs Adoption: A Study of Intact Families. Praeger, New York 1992.

Rotmann, M.: Latenzzeit und Adoleszenz in psychoanalytischer Sicht. In: Ohlmeier (Hg.): Entwicklungspsychologie. 1973, 85–105.

Roy, P./Rutter, M./Pickles, A.: Institutional Care: Risk from Family Background or Pattern of Rearing? In: J Child Psychology Psychiatry 41, 2000, 139–149.

Rutter, M.: A New Look at Resilience. In: Remschmidt/Belfer (eds.): Book of Abstracts. 2004, 131.

Rutter, M.: Resilience Concepts and Findings: Implications for Family Therapy. In: Family Therapy 21, 1999, 119–144.

Rutter, M./Taylor, E. (eds.): Child and Adolescent Psychiatry. 4th ed. Blackwell Science, Oxford 2002.

Rutter, M./the English and Romanian Adoptees (ERA) Study Team: Developmental Catch-Up, and Deficit, Following Adoption after Severe Global Early Privation. In: J Child Psychology Psychiatry 39, 1998, 465–476.

Rutter, M./Caspi, A./Moffitt, T.: Gene-Environment Interplay in Resilience. In: Remschmidt/Belfer (eds.): Book of Abstracts. 2004, 131.

Rutter, M./Kreppner, J. M./O'Connor, T. G.: Specificity and Heterogeneity in Children's Responses to Profound Institutional Privation. In: Brit J Psychiatry 179, 2001, 97–103.

Rutter, M./Quinton, D./Hill, J.: Adult Outcomes of Institution-Reared Children: Males and Females Compared. In: Robins/Rutter (eds.): Straight and Devious Pathways. 1990, 135–157.

Salter, A. N.: The Adopter's Handbook: Information, Resources and Services for Adoptive Parents. British Association for Adoption & Fostering, London 2002.

Schechter, M. D.: Observations on Adopted Children. In: Archives of General Psychiatry 3, 1960, 21–32.

Schechter, M. D./Bertocci, D.: The Meaning of the Search. In: Brodzinsky/Schechter (eds.): Psychology of Adoption. 1990, 62–90.

Schechter, M. D./Carlson, P. V./Simmons, J. Q. / Work, H. H.: Emotional Problems in the Adoptee. In: Archives of General Psychiatry 10, 1964, 7–46.

Schulte-Markwort, M./Resch, F. (Hg.): Trauma – Stress – Konflikt. Schattauer, Stuttgart 2004.

177

Schulz, F./Wieder, H.: Die Familienromanphantasien adoptierter Kinder. In: Harms/Strehlow (Hg.): Das Traumkind. 1990, 25–33.

Seiffge-Krenke, I.: Psychoanalytische Therapie Jugendlicher. Kohlhammer, Stuttgart 1986.

Sichtermann, B./Leggewie, C.: Das Wunschkind. Adoption und die Familie von heute. Ullstein, München 2003.

Smith, D. W./Brodzinsky, D. M.: Stress and Coping in Adopted Children: A Developmental Study. In: J Clin Child Psychology 23, 1999, 91–99.

Smyer, M. A./Gatz, M./Simi, N. L./Peterson, N. L.: Childhood Adoption: Long Term Effects in Adulthood. In: Psychiatry 61, 1998, 191–205.

Stierlin, H.: Familie und Familientherapie im Wandel. In: Lehmkuhl, U. (Hg.): Familie und Gesellschaftsstruktur. 1994, 9–22.

Streeck-Fischer, A.: Jugendliche in stationärer Psychotherapie. In: Psychotherapie im Dialog 3, 2002, 353–361.

Ulrich, H.-B.: Herzkind aus der Fremde. In: Die Zeit 51, 1999, 15–18.

Verhulst, F. C.: Internationally Adopted Children: The Dutch Longitudinal Study. In: Adopt Q 4, 2000, 27–44.

Verhulst, F. C./Versluis-den Bieman, H. J. M.: Developmental Course of Problem Behaviours in Adolescent Adoptees. In: J Am Acad Child Adolesc Psychiatry 34, 1995, 151–159.

Verhulst, F. C./Althaus, M./Bieman, H. J. M. V.: Problem Behavior in International Adoptees: An Epidemiological Study. In: J Am Acad Child Adolesc Psychiatry 29, 1990, 25–220.

Verhulst, F. C./Althaus, M./Versluis-Den Bieman, H. J. M.: Damaging Backgrounds: Later Adjustment of International Adoptees. In: J Am Acad Child Adolesc Psychiatry 31, 1992, 518–524.

Wieder, H.: Sollten Betroffene über ihre Adoption aufgeklärt werden, und wann? In: Harms/Strehlow (Hg.): Das Traumkind. 1990, 34–47.

Wieder, H.: Wie verarbeiten Kinder die Mitteilung über ihre Adoption? In: Harms/Strehlow (Hg.): Das Traumkind. 1990, 48–65.

Wierzbicki, M.: Psychological Adjustment of Adoptees: A Meta-Analysis. In: Journal of Clinical Child Psychology 22, 1993, 447–454.

Winnicott, D. W.: Adoptivkinder in der Adoleszenz. In: Harms/Strehlow (Hg.): Adoptivkind. 2000a, 168–174.

Winnicott, D. W.: Stolpersteine auf dem Weg zur Adoption. In: Harms/Strehlow (Hg.): Adoptivkind. 2000b, 108–112.

Winnicott, D. W.: Zwei adoptierte Kinder. In: Harms/Strehlow (Hg.): Adoptivkind. 2000c, 175–186.

Adressen

- **Verband Anwalt des Kindes. Bundesverband**
  www.adoptionsinfo.de (> Eltern > Adoption)
  Der »Verband Anwalt des Kindes« kümmert sich u. a. um die Rechte von Adoptierten.
- **Bundeszentralstelle für Auslandsadoption**
  www.bundesjustizamt.de (> Themen > Zivilrecht > Auslandsadoption)
  Der Generalbundesanwalt beim Bundesgerichtshof fungiert in der Bundesrepublik als zentrale Behörde nach dem Haager Adoptionsabkommen. Informationen zu grenzüberschreitenden Adoptionen und zahlreiche Abkommen und Gesetze zum Download.
- **Auslandsadoption**
  www.adoptionsinfo.de/Auslandsadoption.htm
  Internetplattform zum Thema Auslandsadoption.
- **Informationen zu internationalen Adoptionen**
  www.bmj.bund.de/enid/6e.html
  Informationen zum Haager Adoptionsübereinkommen und zur Weiterentwicklung des Adoptionsvermittlungsrechts.
- **Kindschaftsrecht**
  www.bmj.bund.de (> Themen > Zivilrecht > Familienrecht > Kindschaftsrecht)
  Informationen zum Abstammungsrecht, elterlichen Sorgerecht, Umgangsrecht, Broschüren der Bundesregierung zum Thema Kinderrechte.
- **Stieffamilien**
  www.stieffamilien.de
  Die Bundesarbeitsgemeinschaft Selbsthilfegruppen Stieffamilien informiert über alles, was für Stieffamilien wichtig und interessant ist.
- **Bundesverband der Pflege- und Adoptivfamilien e.V.**
  www.pfad-bv.de
  PFAD – Bundesverband der Pflege- und Adoptivfamilien e.V.
  Geschäftsstelle: Geisbergstr. 16, 10777 Berlin

- **Institut für Vollzeitpflege und Adoption e.V.**
  www.iva-institut.de
  Das Institut bietet Fachseminare, Vorbereitungskurse für Adoptivelternbewerber und Erfahrungsaustausch an. Institut für Vollzeitpflege und Adoption e.V., Geschäftsstelle: Heinrich-Hoffmann-Str. 3, 60528 Frankfurt am Main
- **Moses Online**
  www.moses-online.de
  Der Verein bietet umfassende Informationen zum Pflege- und Adoptivkinderwesen in Deutschland.
- **PFIFF e.V., Pflegekinder und ihre Familien Förderverein**
  www.pfiff-hamburg.de
  PFIFF e.V. ist ein freier Träger der Jugendhilfe, der Pflege- und Adoptivfamilien informiert, berät, vorbereitet und unterstützt und der auch Kinder vermittelt.
  Pflegekinder und ihre Familien Förderverein (PFIFF e.V.), Holsteinischer Kamp 80, 22081 Hamburg
- **Adoption**
  Internetplattform zum Thema Adoption mit Informationen zu rechtlichen Fragen, Literaturhinweisen, aktuellen Veranstaltungen sowie Kontaktbörse.
  www.adoption.de

Im Ausland:
- **Pflegekinder-Aktion Schweiz**
  www.pflegekinder.ch
  Schweizerische Fachstelle für das Pflegekinderwesen
  Bederstr. 105a, 8002 Zürich
- **Eltern für Kinder Österreich**
  www.efk.at
  Als freier Jugendwohlfahrtsträger begleitet »Eltern für Kinder Österreich« Adoptionsbewerber in ihrem Prozess zur Entscheidungsfindung, ein Kind aus dem In- oder Ausland zu adoptieren. Ottakringer Str. 217–221/2/R2, 1160 Wien
- **Bundesverband der österreichischen Pflege-, Adoptiveltern- und Tagesmüttervereine**
  www.pflegekinder.at
  Bundesverband der österreichischen Pflege-, Adoptiveltern- und Tagesmüttervereine, Rudolf-Biebl-Str. 50, 5020 Salzburg